·中学生读本

黄荣华 主编

仁者之言

——《论语》选读

黄荣华 编选

上海教育出版社

图书在版编目（CIP）数据

仁者之言：《论语》选读 / 黄荣华主编. — 上海:上海教育出版社, 2017.6（2020.1重印）
ISBN 978-7-5444-7547-1

Ⅰ. ①爱… Ⅱ. ①黄… Ⅲ. ①儒家②《论语》—青少年读物
Ⅳ. ①B222.2-49

中国版本图书馆CIP数据核字(2017)第126786号

责任编辑　董艳霞
封面设计　陆　弦

仁者之言
——《论语》选读
黄荣华　主编

出版发行　上海教育出版社有限公司
官　　网　www.seph.com.cn
地　　址　上海市永福路123号
邮　　编　200031
印　　刷　合肥广源印务有限公司
开　　本　640 × 960　1/16　印张 14
版　　次　2017年7月第1版
印　　次　2020年1月第3次印刷
书　　号　ISBN 978-7-5444-7547-1/G·6211
定　　价　35.00 元

如发现质量问题，读者可向本社调换　电话：021-64377165

人之需（代总序）

一直想给中学生朋友编一套中华传统文化方面的读本。

作为中学语文教师，我们有自己的理由——

中华古代文化浩如烟海，书市上古代文化方面的图书也不计其数，但专门面向现代中学生的普通读本却很难找到，更不要说那种切合中学生阅读心理、精心选材、精心作注、精心释义的系列丛书了。

而从一名中学语文教师的角度看，当今中国语文教育最缺失的一块又恰恰是对中华传统文化的敬重、理解与传承。

众所周知，教育本来是指向学生的全面发展的，但因为“高考列车”越跑越快所产生的巨大无比的力量，语文已沦落为应试的工具。

在这样的教育中，对文化的漠视已成为语文教育的一个并不为多数人清醒意识到的“传统”；丢弃传统文化，甚至鄙薄传统文化，也已成为语文教育的一个并不为多数人清醒意识到的“传统”。

在这样的教育中，现代语文教育的本质意义——作为培育“民族文化之根”的意义，作为培育“效忠于”“皈依于”中华民族的现代公民的意义，已基本丧失。

而中华民族在现代前行的艰难身影又告诉我们：我们的教育，我们的语文教育，必须敬重、理解、传承中华传统文化。

中华传统文化作为中华文明的载体，其两大支柱是儒与道。而作为现世人生精神支柱的文化，又主要是儒家文化。儒家文化又以孔子为核心，孔子文化的核心是“仁”——“仁者”“爱人”。何为“爱人”？孔子“一以贯之”的是“忠”“恕”二字——“己所不欲，勿施于人”，“己欲立而立人，己欲达而达人”。用现在的话说就是：自己不想要的不强加给别人，自己想要的也要让别人拥有。这样，人与人就会友爱，社会就会和谐，人类就会幸福。而支撑这一社会理想的核心思想是：人与人的平等性。

从近一个半世纪的中国近现代历史进程看，由于受列强的侵略，我们民族怀疑甚至痛恨过我们的传统文化，认为那是我们落后挨打之源。所以，我们曾经把传统文化作为落水狗一般痛打。但从我们逐步摆脱“挨打”“挨饿”之后“挨骂”的现实看，我们现在最缺失的就是传统文化中的“忠”“恕”二字。不“忠”就不“诚”，不“诚”就无“信”；不“恕”就不“容”，不“容”就无“爱”。当今社会的许多问题之源，正在于无“信”无“爱”。

要化解民族前行过程中出现的种种问题与矛盾，当然要从政治、经济、科学、军事、艺术、伦理、道德等各个方面去思考，但在教育过程中，在生活的各个方面，敬重、理解、传承我们传统文化的精髓，应当成为我们思考的重要内容。当我们通过教育，通过生活的方方面面形成的教化体系，能将我们传统文化的精髓与现代民族意识融为一体，内化为崭新的民族精神，并使其上升为民族得以昂然立身的中华现代文明，那我们民族就真正完成了由古代到现代的转型，我们的国家就能成为一个崭新的现代民族国家,我们的人民就会成为“具有中国心的现代文明人”(当代著名教育家于漪老师语)。

有了这样的愿望,就总希望能为实现这样的愿望尽微薄之力,所以我们带着对中华传统文化的敬意,乐意尽自己最大的力量为中学生朋友推介中华传统文化。

同时,作为语文教师,我们还感到,要真正理解语言、掌握语言,就必须理解文化,特别要理解传统文化。

语言学研究表明:语言的理解与运用,归根结底是与某个社会群体的认知方式、道德规范、文化传承、价值标准、风俗习惯、审美情趣等特定的文化因素相关联的;语言运用要得体,既要遵循语法规则,更要遵循文化规则。由于汉语的组织特点是“文便是道”“以意役法”,即意义控制形式,“意在笔(言)先”,所以文化规则在汉语的组织运用中更有着突出的意义。又由于汉语是由汉字联属而成,而汉字是世界上最古老的文字之一,更是世界几千年间唯一没有中断其历史的文字;每个走过几千年的汉字都有着深厚的文化沉淀,可谓一个汉字就是一个广博精深的文化单元,就是一个意趣醇厚的审美单元(鲁迅先生曾在《汉文学史纲要·自文字至文章》中指出,汉字有“三美”:“意美以感心”,“音美以感耳”,“形美以感目”)。因此,要让孩子们准确地把握经典文本表达的意义,恰当地表述自己的观点,得体而有效地与人交际,就要引导他们了解、掌握语言背后蕴含的丰富的文化信息。

现在只有无知者才不会承认,中华文明仍是一个坚实、深刻、厚重、博大的文化体系。这个文化体系已将自己的精神文化贯彻到了人们可见、可知甚至可感的世界的每一个角落,渗透在人们的气血经脉、意识与潜意识之中,正所谓

“致广大而尽精微”(《中庸》)。在这个“致广大而尽精微”的文化体系中,天、地、人的分工和边界及其协调与平衡,都有着清晰、真切、生动的表达;在这个体系中,中华民族已建立起了自己独一无二的生活方式——在天与地之间,堂堂正正地做人,做一个大写的人。由此,中华民族也就有着有别于其他一切民族的独特文化——天地之间的人文化,而不是天界中的神文化,不是地界中的鬼文化。尽管我们的文化中不可避免地会涉及神鬼,但总体而言它是“敬鬼神而远之”的。由此,我们也就会真正明白,为什么诸子百家中的任何一家最终都将自己的精神内核指向了人,为什么我们几千年的文化主体选择了“儒”——人之需!如果不了解、不理解这样的文化,就不能真正读懂我们的文化原典,就不能真正听懂古今经典之作的汉语述说,就很难得体地用好已走过了几千年的民族语言。

基于上述两大理由,我们编著了这套《中华根文化·中学生读本》。

“根文化”就是“文化之根”。它表明这套读本关注的是中华文化最根本的部分。这又有两层意思:一是读本的内容选择上,关注代表根文化的内容;二是在注解、翻译、释义上,关注所选内容最本原的意义,基本不做现代阐释。

作为“中学生读本”,我们尽可能使其适合中学生的文化心理。每个选本均按主题组织若干单元,并写有单元导语;用浅近的白话注解、今译、释义,力求简洁明了。

《中华根文化·中学生读本》第一辑 15 种,主要选编先秦时期的经典,包括《兴于诗——〈诗经〉选读》《立于礼——“三礼”选读》《成于乐——〈乐记〉〈声无哀乐论〉选读》《仁者之言——〈论语〉选读》《义者之言——〈孟子〉选读》《君子之言——〈荀子〉选读》《智者之言——〈老子〉选读》《达者之言——〈庄子〉选读》《爱者之言——〈墨子〉选读》《法者之言——〈韩非子〉选读》《忠者之言——〈楚辞〉选读》《谋者之言——〈孙子〉选读》《春秋大义——〈春秋〉三传选读》《诸侯美政——〈国语〉选读》《战国争雄——〈战国策〉选读》。

黄荣华

前言

中华民族何以几千年生生不息？

人们从不同的角度给出了不同的答案，其中最为人认可的答案有两个：一是我们有几千年没有中断其历史的汉字；二是我们有孔子及《论语》。汉字不是本书所述对象，下面就孔子及《论语》作一些介绍。

孔子（公元前551—前479年），名丘，字仲尼，鲁国陬邑（今山东省曲阜）人。“子”是对他的尊称。

柳诒徵在《中国文化史》第二十五章《孔子》开首说：“孔子者，中国文化中心也。无孔子则无中国文化。自孔子以前数千年之文化，赖孔子而传；自孔子以后数千年之文化，赖孔子而开。”

柳诒徵先生为什么给孔子这样的评价？因为对中华民族影响最大的儒家最重要的经典——“六经”（《诗》《书》《礼》《乐》《易》《春秋》）都与孔子关联紧密。

《史记·孔子世家》载：“孔子之时，周室微而礼乐废，《诗》《书》缺”，孔子“追迹三代之礼，序《书传》”；“古者诗三千余篇，及至孔子，去其重”，“三百五篇孔子皆弦歌之，以求合《韶》《武》《雅》《颂》之音”，“礼乐自此可得而述”。且“以《诗》《书》《礼》《乐》教，弟子盖三千焉”。司马迁在这里讲得很清楚：是孔子使崩毁的《礼》《乐》得以流传，使边缘化的

《书》《诗》得以回到人们的生活当中。

《汉书·儒林传》载：孔子“晚而好《易》……而为之传”。“传”在这里是解释、阐释的意思。孔子“传”《易》的目的是什么？用《礼记》中的话说是“絜静精微而不贼”。这里的“絜”通“洁”。整句的意思是说：通过《易》的教化，使人的内心纯洁无瑕，明察秋毫，上达幽微精妙的天道，进入一种澄明无碍的高远境界，绝不陷入因对怪诞之事的探求而伤害自身与他人的境地。孔子研《易》、释《易》、以《易》教弟子，将《易》引入创造华夏高贵精神的至高殿堂，其功至伟。

《史记·儒林传》载：孔子“因史记作《春秋》”，即根据史料记载写作《春秋》。《春秋》对后代的影响至大，其意义难以尽述。要勉强概括的话，只能说，它在天地大义方面为后代树立了立论与评说的典范。

除了“六经”，孔子对后世影响巨大的还有《论语》记载的他的言行。

《论语》的“论”读 lún，意思是按照一定的次序排列言论。《论语》由孔子的弟子及其再传弟子编纂而成，内容主要是孔子谈话、答弟子问及弟子间相与问答，集中体现了孔子的政治主张、伦理思想、道德观念及教育原则等，是研究孔子思想的主要资料。宋代将它与《大学》《中庸》《孟子》合称为“四书”。

《论语》对后世的影响是全方位的，其最重要的影响是孔子倡行的“仁”。历代学者对孔子“仁”学的研究极多，成果也极其丰富。笔者以为，当代思想家李泽厚先生在《中国古代思想史论》中的观点最得“仁”意。

李先生认为，孔子倡行的“仁”是将外在的社会规范——“礼”，导向个体人的内在性自觉。这一创造性的哲学思想，为汉民族的“文化—心理结构”奠下了基础，孔子也因此成为中国文化的象征。

李先生认为孔子的仁学思想有四个层面：血缘基础、心理原则、人道主义、个体人格。“血缘基础”讲亲子之爱。“心理原则”是将人的心理情感融化在满足以亲子关系为核心的人与人的世俗关系中，而不是将它导向外在的崇拜对象上，如上帝。“人道主义”是强调人在民族内部及外部社会的交往原则——上下左右、尊卑长幼之间的秩序、团结、互助与协调。“个体人格”是上述三个层面最终都必然落实在“仁者”的个体心性与行为上，也即个体人以自觉的修炼达到自为的“仁性”“仁行”，完成“仁者”的自我塑造。

四个层面的一个共同特征就是实践理性——极其重视行为的实用意义。因此，积极进取的事功精神，清醒克制的生活态度，极高明而道中庸的处事理想，发乎性情而止乎礼义的情感原则，重实用轻思辨，重人事轻鬼神，善于协调群体，顾全大局，日常生活中保持心理上的满足与平衡，不陷入过犹不及的反理性的迷狂，就成为我们民族的潜意识，构成了一种民族性的“文化—心理结构”。

李先生认为，中华民族具有如此顽强的生命力量，历数千年各种内忧外患而终能保存、延续、发扬光大，与“仁学”奠定的这种独特的“文化—心理结构”紧密相关。

笔者在选注《论语》时也深深感到，几千年前孔子及其弟子的言行共同构成的“仁学”文化尽管有许多在今天已经丢失，但也有许多依然还流淌在我们生活的角角落落和每一个生动的细节中。特别是孔子“十有五而志于学，三十而立，四十而不惑，五十而知天命，六十而耳顺，七十而从心所欲不逾矩”的文化生命历程，所竖立起的“仁者”立志、立身、立命、立心的修炼阶梯，经过我们民族两千多年的代代践行，已成为潜隐在我们每一个个体心中的攀登生命高度的文化接引之梯。

在选注《论语》的过程中，笔者也仿佛看到，孔子及其弟子们的生命之花，曾经无比灿烂地开放在《诗》《书》《礼》《乐》《易》《春秋》这些文化原典中，今天虽然有许多已经枯萎，但也有许多依然怒放，如智、勇、惠、敏、和、乐……

《左传》有言："'大（太）上有立德，其次有立功，其次有立言。'虽久不废，此之谓不朽。""立德"就是树立高尚的道德，"立功"就是为国家民族建功立业，"立言"就是创立泽被后世的学说。古今中外，能于三"不朽"中得其一者，就是了不起的人物了，而孔子三者皆有之。圣哉，孔子！

由于《论语》涉及的内容非常广博，而对同一个问题的论述不仅分散在不同的篇章中，而且还常常因时因地因对象的不同而有不同的表述。但正如孔子自己所言："予一以贯之。"这个"一"就是他倡行的"仁"。为了让同学们能更好地了解《论语》的基本内容，本书围绕"仁者之言"这一主线，将《论语》中的相关言行分列为相对集中的八个主题单元。第九单元，即本书最后一个单元则由前面八个主题之外的经典言论组合而成。这样的编注方式是否能达到本书的编写目的，还有待读者的阅读检验。真诚地期待读者的批评指正。

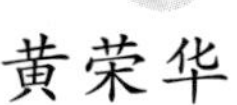

黄荣华

目录

第一单元

仁　德

“仁”是孔子思想的核心。《论语》中，孔子及门人谈及“仁”109次。它包含了忠、恕、孝、悌、智、勇、信、惠、敏、和、乐……但无论哪一重含义，都由其最根本的思想——爱生发而来。可以说，“爱”是“仁”的本质意义。

“德”是“仁”的重要体现。它是人心的高境界，体现在行为上就是德行，体现在品性上就是德性。孔子认为“中庸”是德的最高境界。

本单元选注的内容，试图回答“何为‘仁’”“何为‘德’”，“怎样走近‘仁’”“怎样体现‘德’”这类问题。

原文

樊迟[①]问仁。子曰[②]："爱人。"问知。子曰："知人。"

樊迟未达[③]。子曰："举直错诸枉[④]，能使枉者直。"

樊迟退，见子夏[⑤]曰："乡[⑥]也吾见于夫子而问知，子曰，'举直错诸枉，能使枉者直'，何谓也？"

子夏曰："富哉言乎[⑦]！舜[⑧]有天下，选于众，举皋陶[⑨]，不仁者远矣；汤[⑩]有天下，选于众，举伊尹[⑪]，不仁者远矣。"

——**颜渊篇第十二**(12·22)

注解：① 樊迟：名须，字子迟，孔子的弟子，鲁国人。② 子曰：子，中国古代对有地位、有学问的男子的尊称，有时也泛称男子。《论语》书中"子曰"的"子"，都是指孔子。③ 达：理解，明白。④ 举直错诸枉：直，正直的人。错，通"措"，放置。诸，之于。枉，不正直的人。⑤ 子夏：姓卜，名商，子夏是他的字，孔子的弟子，卫国人。⑥ 乡：同"向"，刚才。⑦ 富哉言乎："言富哉乎"的倒装。富，含义丰富。⑧ 舜：传说中上古时代的贤君，继位于尧，传位于禹。⑨ 皋陶(gāo yáo)：传说中东夷族的首领，曾在舜的手下做过管理刑法的官。古人认为他是执法公正公平的典范。⑩ 汤：又叫成汤，是商朝的开国君主。⑪ 伊尹(yǐn)：商初大臣，名伊，尹是他的官名。他辅佐汤王很有成就，是古代有名的贤臣。

今译

樊迟向孔子请教什么是仁，孔子回答说："仁就是爱别人。"

樊迟又请教什么是知，孔子说："知就是了解他人。"

樊迟没有明白老师的意思。孔子又解释说："就像主持政事，举用正直的人来代替不正直的人，就能使不正直的人变得正直。"

樊迟退出来，见到子夏说："刚才我去见老师，问他什么是知，他说'就像主持政事，举用正直的人来代替不正直的人，就能使不正直的人变得正直'，是什么意思？"

子夏说："老师的话含义丰富啊！舜拥有天下后，在众人中挑选人才，举用了皋陶，没有仁德的人就离去了；汤拥有天下后，在众人中挑选人才，举用了伊尹，没有仁德的人就离去了。"

释义

从"爱人"，到"知人"，到"举直错诸枉"，孔子是用一个具体的事例向樊迟解释什么是"仁"。为政者要成为仁者，就要爱护人；要爱护人，就要了解人。只有了解了人，才能使用正直的人，赶跑、改变不正直的人。这不仅是一般意义上的仁，更是仁政的重要组成部分。所以子夏说老师的话含义非常丰富。

原文

颜渊[①]问仁。子曰："克己复礼[②]为仁。一日克己复礼，天下归仁焉。为仁由己，而由人乎哉？"

——颜渊篇第十二(12·1)

注解：① 颜渊：名回，字子渊；孔子的弟子，鲁国人，小孔子三十岁，最为孔子喜爱。② 克己复礼：克己，克制私欲；复，

反，回；礼，行为规范。

今译

颜渊向老师请教什么是仁，孔子说："克制私欲，使言行符合礼的规范就是仁。一旦能够克制私欲，使言行符合礼，天下就归依仁了。成就仁在于自身的努力，哪里要仰仗别人呢？"

释义

在回答樊迟的提问时，孔子说"爱人"是仁。在回答颜渊的提问时，他又说"克己复礼为仁"。"爱人"是从外在方面讲，一个仁者应当如何对待他人。"克己复礼"主要是从内在方面讲，一个仁者应当怎样去完善个体人格。在礼崩乐坏的春秋末期，孔子一直期望恢复周礼，来约束人们的行为，实现天下归于仁爱的政治理想。所以，对颜渊这样出色的弟子，孔子是多么期待他能践行这样的政治理想啊。

原文

子张[①]问仁于孔子。孔子曰："能行五者于天下，为仁矣。"

"请问之。"曰："恭，宽，信，敏，惠。恭则不侮，宽则得众，信则人任[②]焉，敏则有功，惠则足以使人。"

——**阳货篇第十七**（17·6）

注解：① 子张：姓颛（zhuān）孙，名师，子张是他的字；孔子的弟子，陈国人，小孔子四十八岁。② 任：信任。

今译

子张向孔子请教什么是仁，孔子说：“能在天下实行五种美德就是仁。”

子张说：“请问老师，是哪五种美德？”孔子说：“恭敬、宽厚、诚信、勤敏、慈惠。恭敬就不会遭受侮辱，宽厚就可以赢得众人的心，诚信就能得到人们信任，勤敏就会取得成功，慈惠就足以差使别人。”

释义

孔子向子张讲了仁的五个具体方面。这五个方面，既是仁者的外在要求，也是仁者的内在约束。

“恭”是对人对事要庄重。态度庄重，便不会受辱。而要态度庄重，首先内心要敬重。只有内心对人对事敬重，表现在言行上才会庄重。否则，就会出言不逊，行为无礼。孔子说“出门如见大宾”，就是“恭”的表现。

“宽”是对人对事要宽厚。宽厚就不会斤斤计较，就会容纳，就能成为大江大海，就会成为天空，就会有一颗博大博爱的心。

“信”是对人对事要诚信。说过的话要算数，许下的诺言要兑现。这既是对人对事的尊重，也是对自己的尊重，这样就能为别人信任，也能建立强大的自信心。

“敏”是反应快，做事敏捷聪慧。有人将这一点归于天赋，其实不然。“敏”更多的是一种对事的态度，即勤于反应，随时准备行动。一个人再聪明，天天睡懒觉，也做不成什么事。一个人只要勤于做事，就会取得成效。

“惠”是给人慈惠。为官者，理当要给下属慈惠。普通人呢，也要有“惠人之心”，即时时处处给人以方便，绝不为难别人。

原文

子贡[①]曰："管仲[②]非仁者与？桓公杀公子纠[③]，不能死，又相之。"子曰："管仲相桓公，霸诸侯，一匡[④]天下，民到于今受其赐。微[⑤]管仲，吾其被发左衽[⑥]矣。岂若匹夫匹妇之为谅[⑦]也，自经[⑧]于沟渎[⑨]而莫之知[⑩]也？"

——宪问篇第十四（14・17）

注解：① 子贡：姓端木，名赐，子贡是他的字；孔子的弟子，卫国人，有辩才，会经商，孔子很喜欢他，曾称他为"瑚琏之器"。② 管仲（约前723或前716—前645年）：春秋时期齐国著名的政治家、军事家，被称为"春秋第一相"，辅佐齐桓公成为春秋时期的第一霸主。③ 桓公杀公子纠：桓公，即齐桓公，姓姜名小白，春秋时代齐国国君，公元前？—前643年在位，春秋五霸之首。公子纠，齐襄公的弟弟，齐桓公的哥哥。齐襄公在位时，齐国内乱，公子纠和后来的桓公小白分别在管仲、召忽和鲍叔牙的护卫下逃到莒国和鲁国。齐襄公死后，小白用计先返回齐国继承了君位，然后派兵逼迫鲁国杀死了公子纠。召忽为此自杀，管仲被鲁人押送回齐国，经鲍叔牙举荐做了齐国的国相。④ 匡：正，把……纳入正轨。⑤ 微：无，没有。⑥ 被发左衽：被，同"披"。衽，衣襟。当时中原民族的风俗是束发、衣襟右开；少数民族地区是披发、衣襟左开。孔子在这里是以"被发左衽"喻指沦为未开化的少数民族。⑦ 谅：遵守信用。这里指小节小信。⑧ 自经：上吊自杀。⑨ 渎：小沟渠。⑩ 莫之知："莫知之"的倒装，即"没有谁知道他"。

今译

子贡向老师请教说："管仲不能算是仁人吧？桓公杀了公子纠，他不能为公子纠而死，还辅佐桓公。"孔子说："管仲辅佐桓公，称霸诸侯，把天下纳入了正轨，老百姓到今天还享受到他的好处。如果没有管仲，恐怕我们也要披散着头发，衣襟向左开，沦为野蛮人了。他哪能像普通人那样恪守小节，自杀在小山沟里，而没有谁知道他呢？"

释义

孔子认为管仲是仁人：第一，管仲辅佐桓公，不以战争手段而是以和平手段称霸诸侯，可谓"治国""平天下"了，使老百姓免于杀伐之苦。第二，因为管仲的辅佐，齐国强盛，使得中原地区没有"被发左衽"。这里可以看到，孔子评价人物主要看他是否建立历史功绩。因为管仲建立了很大的历史功绩，所以孔子给了他自己从不轻易许人的"仁"。

不过在《论语·八佾(yì)》中，孔子对管仲略有微词，认为管仲器度狭小，因为管仲不节俭，有"三归"(市租)，家臣很多；不通君臣之礼，他像国君一样家里"树塞门"(设立照壁)，像国君一样有"反坫"(放置酒杯的台子)。

原文

子贡问为仁。子曰："工欲善[①]其事，必先利[②]其器。居是邦也，事[③]其大夫之贤者，友[④]其士之仁者。"

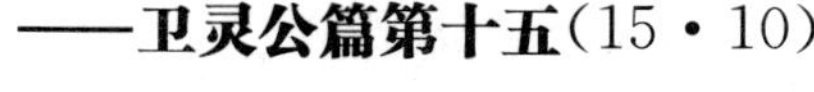
——卫灵公篇第十五(15·10)

注解：① 善：使……善，完善。② 利：使……精良。③ 事：侍奉。④ 友：与……结为朋友。

今译

子贡向老师请教怎样成为仁人。孔子说："工匠想要做好他的工作，必须首先使他的工具精良。要成为仁人也是一样。住在这个国家里，要侍奉这国中有贤德的大夫，要与这国中有仁德的士人结为朋友。"

释义

"工欲善其事，必先利其器"，这是生活常识，更是人生哲理。它启示了孔子，孔子也以此来启发自己的学生：你要成为仁人，就要先"利其器"，侍奉贤者，结交仁者。

原文

有子[①]曰："其为人也孝弟[②]，而好犯上者，鲜矣；不好犯上，而好作乱者，未之有[③]也。君子务本[④]，本立而道[⑤]生。孝弟也者，其为仁之本与！"

——**学而篇第一**（1・2）

注解：① 有子：姓有名若，鲁国人，孔子的弟子。② 孝弟：孝，孝敬父母；弟，同"悌"（tì），尊敬兄长。孝、弟是孔子和儒家特别提倡的两个基本道德规范。朱熹说："善事父母曰孝，善事兄长曰弟。"③ 未之有：即"未有之"的倒装，意思是

"从来没有过这样的人"。④ 务本：务，致力；本，根本，基础。⑤ 道：事物的基本道理。

今译

有子说："如果孝敬父母，敬爱兄长，却喜欢触犯上位的人，这样的人是很少的。不喜欢触犯上位的人，却喜欢作乱，没有这样的人。君子致力于最根本的。最根本的东西树立起来了，大道就生成了。孝敬父母，敬爱兄长，这就是仁爱的根本吧！"

释义

有子这段话说了三层意思：孝敬父母、敬爱兄长的人，是不会犯上作乱的；君子修身致力于最根本的东西；仁爱的根本是孝敬父母、敬爱兄长。在儒家看来，孝顺父母、尊敬兄长就是立身之本。因为"仁"就是爱人，一个连自己的父母兄长都不懂得敬爱的人，怎么会爱其他人呢？

原文

子夏曰："博学而笃[①]志，切[②]问而近思，仁在其中矣。"

——**子张篇第十九**（19 · 6）

注解：① 笃：忠诚不变。② 切：切近。与后文"近思"的"近"同义。

今译

子夏说："学识广博，志向坚定，贴近现实提出问题，并积极思考解决的办法，仁就在其中了。”

释义

子夏的话，实际上是说如何成为仁人。学识要广博，不广博就视野狭窄，思路闭塞；志向要坚定，不坚定就成不了大事；思考与解决的问题要贴近社会人生，否则就难以对社会有益，对他人有益。这也就是《中庸》中所说：“力行近乎仁。”

复旦大学以“博学而笃志，切问而近思”为校训，期待学子们能成为对社会、对他人有益的人，最终走向仁人的行列。

原文

子曰：“仁远乎哉？我欲仁，斯[①]仁至矣。”

——**述而篇第七**(7・30)

注解：① 斯：这。

今译

孔子说：“仁离我们很远吗？我想要仁，这仁就来了。”

释义

仁在儒家思想中是一个很高的境界，很难达到。但孔子却在这里说，“我想要仁，这仁就来了”，好像又很容易实现。其实孔子在这里是从践仁的角度说的。一个人只要愿意做事，事情就有可能做成。仁也一样，只要你愿意去追求，就在走向仁。也就是说，能不能做到仁，关键不是能力问题，而是态度问题，是自己愿不愿意去追求的问题。

一个人只要愿意修身，就可能修成仁者。

原文

子曰："里[①]仁为美。择[②]不处[③]仁，焉得知[④]？"

——里仁篇第四（4·1）

注解：① 里：邻里。这里是"与……为邻里"的意思。② 择：择居。③ 处(chǔ)：居住。④ 知：同"智"。

今译

孔子说："与仁为邻里是一件美事。如果择居不与仁居住在一起，怎么能明智呢？"

释义

个人的道德修养既是个人的事，又与所处的环境密切相关。与仁相处就能经常受到仁的熏陶，因此，选择与仁相处是明智的。反之，就不能算是明智了。

原文

子曰："刚、毅、木[①]、讷[②]近仁。"

——子路篇第十三（13·27）

注解：① 木：质朴，朴实。② 讷（nè）：言语迟钝，不善言谈。

今译

孔子说："刚强、果敢、朴实、口讷，接近于仁。"

释义

孔子为什么认为"刚、毅、木、讷"的人就差不多接近仁的标准了呢？"刚、毅、木"，没有问题。"刚"与"毅"是"敏于行"；"木"是不夸饰，不矫饰，以本真面目示人。"讷"呢？"讷"并非笨，是"慎于言"，不该说一定不说，必须说的一定说，这只有智者、勇者才能做到。

原文

子曰："志士仁人，无求生以害仁，有杀身以成仁。"

——卫灵公篇第十五（15 • 9）

今译

孔子说："志士仁人，没有贪生怕死而损害仁的，只有牺牲自己的性命来成全仁的。"

释义

生命是至为宝贵的。儒家一贯很珍视人的生命，但当生命与仁德发生无法共存的矛盾时，儒家便倡导"杀身成仁"。作为一个有气节、有仁德的志士仁人，他活着，就要弘扬仁爱的精神；而一旦生命与仁德形成激烈的冲突，要求你必须做出抉择时，那宁可牺牲生命，也要成就仁德。这就是孔子这句名言的要义。千百年来，我们中华民族的优秀人物在国家与民族的危急时候，有许许多多仁人志士视死如归，杀身成仁，舍生取义，正是践行着这一要义。他们的行为既是传统儒家思想熏陶的结果，也是传递儒家思想血脉的壮举。

原文

子曰："当仁，不让于师。"

——卫灵公篇第十五（15·36）

今译

孔子说："面对着仁德，就是老师，也不向他谦让。"

释义

尊师是儒家传统，但在对仁的追求面前，不必向老师谦让。古希腊时期，亚里士多德向老师柏拉图求教时，与老师产生了分歧，他坚信自己正确，说："吾爱吾师，吾更爱真理。"这便是"当仁，不让于师"的精神。

从东西哲人的话中可以明白，优秀的学生是热爱老师的学生，更是深爱真理的学生。

原文

子曰："巧言令[1]色，鲜[2]矣仁。"

——学而篇第一(1·3)

注解：① 令：本指美好，这里有讨好的意思。② 鲜(xiǎn)：少。

今译

孔子说："花言巧语，做出一副讨人喜欢的脸色，很少有仁德的了。"

释义

孔子一向不喜欢巧言令色的人。在《公冶长》中，他还说"巧言，令色，足恭，左丘明耻之，丘亦耻之"。这与他说"刚、毅、木、讷近仁"是统一的。"巧言令色，鲜矣仁"是反面否定，"木、讷近仁"是正面肯定。仁，绝不只是外在的华彩表现，更应当是内在的心性呈现。

原文

子曰："知[1]者不惑，仁者不忧，勇者不惧。"

——子罕篇第九(9·29)

注解：① 知：同"智"。

今译

孔子说："明智的人不会迷惑，仁德的人不会忧愁，勇敢的人不会畏惧。"

释义

为什么"仁者不忧"？因为仁者爱人，心中总是装着别人，或者说总是心怀天下，所以不会考虑个人得失，就不会为自己忧愁什么了。心底无私，天地宽广！

原文

子曰："知[①]者乐[②]水，仁者乐山。知者动，仁者静。知者乐，仁者寿。"

——雍也篇第六(6·23)

注解：① 知：同"智"。② 乐，喜爱。

今译

孔子说："聪明人喜爱水，仁德的人喜爱山。聪明人灵动，仁德的人沉静。聪明人快乐，仁德的人长寿。"

释义

聪明人为什么喜欢水？因为水是灵动的，水是活泼的，水是以最佳方式前进的，水是以最佳方式与它的对立面(各种险阻)相处的。智者正是从水的身上看到了自己，也从水的身上获得了启示，所以“乐水”！所以快乐！

仁德的人为什么喜欢山？因为山是沉静的，是稳重的，是坚定的。仁者心怀天下，博爱他人，不会汲汲于名利，不会浮躁不安，外无贪而内清静，这不正与山的特征相似吗？所以“乐山”！所以长寿！

原文

厩[①]焚。子退朝，曰：“伤人乎？”“不[②]。”问马。

——乡党篇第十（10·17）

注解：① 厩(jiù)：马棚。② 不：同“否”。

今译

马棚失火被烧掉了。孔子退朝回来，问：“伤人了吗？”家人回答“没有”。孔子再问马的伤亡情况。

释义

这一节的标点有争议。一般将最后三字连在一起，变成“不问马”，体现的是孔子“贵人贱畜”的态度。现在将三字分开，变成“‘不。’问马”，体现的是孔子先人后畜的态度。

孔子是仁的倡导者，也是仁的践行者。若从体现仁者情怀的角度看，“先人后畜”比“贵人贱畜”应当更有境界。

原文

子曰："中庸[1]之为德也，其至矣乎[2]！民鲜久矣。"

——雍也篇第六（6・29）

注解：① 中庸：不偏不倚，恰到好处。"中"，折中，调和，无过无不及，不偏不倚；"庸"，平常，普通，常规常理。② 其……乎：大概……吧。

今译

孔子说："中庸作为一种德行，大概是最高的了吧！人们缺少它已经很久了。"

释义

孔子把"中庸"看作人生的最高道德，是至善、至诚、至仁、至德的体现。朱熹说："中者，无过无不及之名也。庸，平常也。"一个具有"中庸"人生境界的人，在行事上对"度"就会有准确的把握，就能协调好各种关系，采取最合适的方式。

《礼记》中有《中庸》篇，朱熹将它独立出来，与《大学》《论语》《孟子》一起并为"四书"，从而更加突出了"中庸"在儒家思想中的地位。"中庸"思想作为儒家思想的重要组成部分，几千年来一直影响着中国人的思想行为。但中国社会进入近代以后，出现了摆脱"中庸"的倾向，以至于一个时期还大加讨伐"中庸"之道。这是人们片面地理解了"中庸"，不是"中庸"本身的错，是人们对"中庸"片面化认识的错。今天我们应当认识到，"中庸"——恰到好处，至善至美之境界。

原文

子曰："德不孤，必有邻[①]。"

——**里仁篇第四**（4·25）

注解：① 邻：邻居。这里指伙伴。

今译

孔子说："有德行的人不会孤立，一定会有伙伴。"

释义

孔子在此讲的，不仅仅是一种人生经验，更是一种社会生活规律。在生活中，讲道德、讲原则的人是不会孤单的，终究会得到大家的理解、支持与真诚的赞誉。马克思说："那些为大多数人带来幸福的人，经验告诉人们，他们是最幸福的人。"

原文

子曰："有德者必有言，有言者不必有德。"

——**宪问篇第十四**（14·4）

今译

孔子说："有道德的人，一定有传世名言；有传世名言的人，不一定有道德。"

释义

《左传》中说："'大（太）上有立德，其次有立功，其次有立言。'虽久不废，此之谓不朽。"这就是儒家追求的"三立"——立德，立功，立言。三"立"其一，足以不朽。

儒家讲积极用世。有德者要立言传世，影响社会。所以荀子说："君子之于言也，志好之，心安之，乐言之。"

孔子这句名言是说，一个人道德修养到一定的境界，就必然要外化为"言"，成为人类的共同财富，传之后世，代代流布。但反过来说就不一定成立——有言传世的人，未必是德性很高的人，因为世上会"花言巧语"者很多。这与前面孔子的话"巧言令色，鲜矣仁"是完全一致的。所以孔子告诫世人，看一个人，一定要"听其言而观其行"（见《论语·公冶长》）。

原文

或[①]曰："以德报怨，何如？"子曰："何以报德？以直[②]报怨，以德报德。"

——**宪问篇第十四**（14·34）

注解：① 或：有人。② 直：正直。

今译

有人说："用恩德来报答怨恨，怎么样？"孔子说："那么用什么来报答恩德呢？应该是用正直来报答怨恨，用恩德来报答恩德。"

释义

“或曰”是老子说。《老子》第六十三章说：“大小多少，怨以德报。”意思是说：大的化小，多的化少，别人的怨恨，我以德行来回报。

一般认为老子是孔子的老师。当孔子的弟子问孔子怎么理解老子的说法时，孔子明确地给出了自己的答案：不同意老师的说法。那么，是老子有理，还是孔子有理？

老子的话没有错。老子哲学的核心是“道”，“德”是“道”的体现，有“德”者就是有“道”者。我们常说，海纳百川，有容乃大。海容纳百川之“德”行，最终实现的是海成为大海之大“道”。“德”无疑具有很大的包容性，它包容“怨”就像大海容纳浊水污水一样自然。因此，尊“道”而行的圣人就应当具备容纳“怨”的品性。这在历史上许多圣主明君身上表现得很清楚。齐桓公用管仲，唐太宗用魏徵，均为此。

但老子的话似乎更适合位居高处的人，很难用来要求普通人。因为普通人没有包容之“器”。海所以能包容，因为它是海，不是小水沟。圣主明君能包容，是因为他拥有天下。或者换一种说法，包容应当是上对下、大对小，而不是下对上、小对大。处下位的人，被处上位的人欺负了，若还包容，那处上位的人不更加为所欲为了？

因此，一般意义上说，孔子的话——“以直报怨，以德报德”——更符合普通人的生存法则。“以直报怨”有两层意思：一是不要老是念念不忘对方的“旧恶”，将仇恨一直藏在心灵深处，应当弃前嫌而看未来；二是把对方放在与自己平等的位置，该怎么做就怎么做，公平正直地对待对方。值得提醒的是，除了大是大非的原则问题，在生活中一般不能把“以直报怨”理解为“以怨报怨”“以牙还牙”。在寻常日子里，不可冤冤相报，而应当胸襟更宽广一些，能行“以德报怨”则行之，在维护自己正当权益的基础上，不妨退一步，以宽广博大的胸怀去包容他人、化解怨恨，让自己的人生更多一些朋友，更多一些欢笑。

原文

子曰："为政以德，譬如北辰[①]，居其所[②]而众星共[③]之。"

——为政篇第二（2·1）

注解：① 北辰：北极星。② 所：处所，位置。③ 共：通"拱"，拱卫，环绕。

今译

孔子说："用德性来治理政事，这就如同北极星那样，处在自己的位置上，群星就会环绕在它的周围。"

释义

孔子在这里强调道德对政治生活的决定作用，主张以道德教化为治国的原则，而非严刑峻法。

原文

子曰："道[①]之以政，齐[②]之以刑，民免而无耻。道之以德，齐之以礼，有耻且格[③]。"

——为政篇第二（2·3）

注解：① 道：通“导”，引导，教导。② 齐：使……整齐，规范，整治。③ 格：正，规范。

今译

孔子说：“用政令来引导百姓，用刑罚来使百姓整齐划一，老百姓虽可免受刑罚，但是没有羞恶之心。用仁德来引导百姓，用礼来使百姓整齐划一，老百姓不但有羞恶之心，而且能自觉地走上正路。”

释义

孔子认为，刑罚只能使人避免犯罪，不能使人懂得犯罪可耻的道理，而道德教化比刑罚要高明得多，既能使百姓守规矩，又能使百姓有知耻之心。这反映了道德在治理国家时有不同于法制的特点。

很多人在读孔子这则名言时，将以政令、刑罚治国与以德治国对立起来理解。这并不符合孔子的本意。孔子只是认为，在以政令、刑罚治国时，还要始终坚持以德治国，将道德教化贯穿始终。

原文

子曰：“道听而涂[①]说，德之弃也。”

——阳货篇第十七（17・14）

注解：① 涂：同“途”。

今译

孔子说："在路上听到没有根据的传闻，又在路上随意地传播出去，这是有道德的人抛弃的坏毛病。"

释义

这就是"道听途说"成语的来源。

孔子这句话在今天还非常有针对性。想一想，我们身边是不是常常有"没有根据的传闻"，我们是不是有时也参与到这样的传播中？

第二单元

道　义

《论语》中，孔子及其门人论“道”60余次。《论语》所论之“道”主要指人道(仁德之道)，涉及“道”的内涵、地位、作用，以及求“道”、行“道”的途径、方式等。在孔子看来，学“道”、求“道”、行“道”，是仁德之人的天职，是仁德之人的最高存在形式。所以他说：“朝闻道，夕死可矣。”“道不行，乘桴浮于海。”

“义”者，宜也。宜，应该，合适。仁德之人，行仁德之道，就是“义”。普通人做自己应该做的事，就是“义”。所以孔子倡行“见义勇为”。反之，做了不该做的事，就是“不义”。所以孔子说：“不义而富且贵，于我如浮云。”

本单元选注的内容，试图回答“何为‘道’”、“何为‘义’”，“怎样求‘道’”、“怎样行‘义’”这类问题。

原文

卫公孙朝[①]问于子贡曰："仲尼[②]焉学？"

子贡曰："文武之道[③]，未坠于地，在人。贤者识其大者，不贤者识其小者，莫[④]不有文武之道焉[⑤]，夫子焉不学，而亦何常师之有[⑥]？"

——子张篇第十九（19・22）

注解：① 卫公孙朝：卫国的大夫，姓公孙，名朝。② 仲尼：孔子的字。③ 文武之道：周文王、周武王治理天下之道。④ 莫：没有哪里。⑤ 焉：兼词，"于之"，在那里。⑥ 常师之有：即"有常师"，"之"是助词。

今译

卫国大夫公孙朝问子贡说："仲尼的学问是从哪里学来的？"

子贡说："周文王、周武王治理天下的大道，并没有失传，还留在人们中间。贤能的人可以了解它的根本，不贤的人了解它的末节，没有什么地方没有文王武王的大道。我们老师哪里不能学道，又何必要有固定的老师呢？"

释义

子贡说了一个非常重要的问题，即孔子的学说来自哪里。孔子承袭了周文王、周武王之道。这实际上是说，孔子肩负着上承尧舜禹汤文武周公之道，并且肩负着发扬光大的责任。

子贡真是孔子的好弟子，非常懂得老师啊。公元前 496 年，孔子周游列国，从卫国到陈国去经过匡地。匡人曾受到鲁国阳虎的掠夺和残杀。孔子的相貌与阳虎相像，匡人误认孔子就是阳虎，所以将他围困住。但孔子有自己坚定的信念，认为自己是周文化的继承者和传播者，匡人不可能把他怎么样的。所以他说："文王既没，文不在兹乎？天之将丧斯文也，后死者不得与于斯文也；天之未丧斯文也，匡人其如予何？"意思是说：周文王死了以后，周代的礼乐文化不都体现在我的身上吗？上天如果想要消灭这种文化，那我就不可能掌握这种文化了；上天如果不消灭这种文化，那么匡人又能把我怎么样呢？

孔子继承先王之道，并发扬光大，创立"仁爱"之道，泽被后世。所以柳诒徵在《中国文化史》之《孔子》开篇即说："孔子者，中国文化之中心也。无孔子则无中国文化。自孔子以前数千年之文化，赖孔子而传；自孔子以后数千年之文化，赖孔子而开。"

原文

子曰："朝闻道，夕死可矣。"

——里仁篇第四(4·8)

今译

孔子说："早晨明白道，即使晚上死了也值得。"

释义

朝、夕，指时间之短。这里孔子表达了自己对"道"的强烈追求。这种强烈性，不是一般的执著，而是以"死"为代价。由此可见，孔子的生活世界中，精神追求何其重要！由此也可看到，"道"是仁德之人的最高存在形式。

原文

子曰："人能弘[①]道，非道弘人。"

——卫灵公篇第十五(15·29)

注解：① 弘：弘扬，使……光大。

今译

孔子说："人能够使道光大，不是道使人光大。"

释义

这一句解释历来有多种，这里介绍两种：

一、人应当弘道，人不应借道弘己。以道弘人，用道来装点门面，哗众取宠，那不是真正的君子所为。

一、人能够弘道，但弘道之人往往得不到道的保护，所以说"非道弘人"。

从孔子对道的追求看，他的核心还是在讲人应当弘道，不要想着借道弘人的问题。

原文

子贡问曰："有一言而可以终身行之者乎？"子曰："其恕乎[①]！己所不欲，勿施于人。"

——卫灵公篇第十五(15·24)

注解：① 其……乎：大概……吧。

今译

子贡请教孔子说:“有一句话可以用来终身奉行的吗?”孔子回答说:“大概就是恕吧!自己不愿意的,不要强加给别人。”

释义

“恕”就是不把自己不愿意的东西强加给别人。孔子认为这个“恕”字可以终身奉行。为什么?似乎它很容易做到。人都有自己不愿意做的事、不愿意要的东西,那就推己及人,想到别人也会不愿意做、不愿意要,就不会强加于人了。但事实上要做到这个“恕”字并不容易,只要看看从古到今,多少强权造成了多少血腥,多少霸道制造多少苦难,就可以明白。恕,不易也。

原文

子曰:“参[①]乎!吾道一以贯之。”曾子曰:“唯。”子出,门人问曰:“何谓也?”曾子曰:“夫子之道,忠恕而已矣!”

——里仁篇第四(4·15)

注解:① 参(shēn):曾参,字子舆,也称曾子,孔子的弟子,为人极孝。在《论语》中,对孔子的弟子一般称字,只对曾参、有若、冉有等几位特称为“子”。

今译

孔子说:“参啊,我的学说是由一个基本思想贯彻始终的。”

曾子说："是的。"孔子出去之后，同学便问曾子："老师说的是什么意思？"曾子说："老师的学说，就是忠、恕罢了。"

释义

恕，不容易；忠呢？更不容易。因为恕只要推己及人，忠则要尽己之力去助人，所谓"己欲立而立人，己欲达而达人"。能做到忠恕二字者，就是一个大仁大德者，就是一个有道者。

原文

子曰："道不行，乘桴[①]浮于海。从[②]我者，其由与？"子路闻之喜。子曰："由也好勇过我，无所取材。"

——公冶长篇第五(5·7)

注解：① 桴(fú)：用来过河的木筏子。② 从：跟随、随从。

今译

孔子说："如果我的学说行不通，我就乘上木筏子到海上去。能跟从我的大概只有仲由吧！"子路听到这话很高兴。孔子说："仲由啊，好勇超过了我，其他没有什么可取的才能。"

释义

孔子"志于道"主要表现在两个方面：求(索)道与践(行)道。他求得了道，凝结于一个"仁"字，然后倡行它。于是周游列国，于是著书立说。"道不行，乘桴浮于海"，这表明孔子倡行仁道的决心与意志！当大陆不能行道，就到海外去！总会有那么一个地方可以推行！

原文

子曰："道不同，不相为谋。"

——卫灵公篇第十五（15・40）

今译

孔子说："信仰不同，不互相商议。"

释义

这里的"道"不是一般意义上的打算、方法等，而是一个人的根本信仰。一个人与另一个人的根本信仰不同，是不能强求对方去谋划同一件事的，否则就会互相伤害。

生活中确实是这样，人的信仰不同、主张不同，便很难说到一起。孔子主张"道不同，不相为谋"，就是保持距离，不发生直接、正面的冲突。

《论语》中孔子说了许多，都是阐述自己的观点，他很少批判、攻击别人的观点。即使有明显的不同看法，他也不说别人不好，只申述自己的观点，如《宪问》："或曰：'以德报怨，何如？'子曰：'何以报德？以直报怨，以德报德。'"这里他并没有说他的老师老子的"以德报怨"的不是，只讲自己应该怎么做。这表明孔子是一个具有非常博大的包容心态的大家。

原文

子曰："志于道，据[①]于德，依[②]于仁，游于艺[③]。"

——**述而篇第七**（7·6）

注解：① 据：执守。② 依：依而不违。③ 游于艺：游，在游戏中陶冶。艺，六艺，指礼（礼节）、乐（音乐）、射（射箭）、御（骑马）、书（写字）、数（算术）。

今译

孔子说："立志求道，执守德，不违仁，在六艺的游戏中陶冶。"

释义

立志求道的人，就要执守德，不违仁，在六艺中陶冶。这是非常不容易的事。不仅执守德难，不违仁难，游于六艺也很难。无论做哪一点，都要全身心投入，都要摒弃杂念。若汲汲于名利，贪念于富贵，都不可能实现。

原文

子曰："君子谋道不谋食。耕也，馁[①]在其中矣；学也，禄[②]在其中矣。君子忧道不忧贫。"

——**卫灵公篇第十五**（15·32）

注解：① 馁(něi)：饥饿。② 禄：做官的俸禄。

今译

孔子说："君子只谋求大道，不谋求衣食。耕田，可能挨饿；学习，可能得到俸禄。君子只担心不能行道，不担心贫穷。"

释义

这里还是要与"志于道"联系起来理解。仁德之人思虑的是学道、行道，不是谋取衣食。仁德之人修身与学习的目的在于学习道、践行道，即使能获取俸禄那也不是目的。如果只是谋取私利，哪怕去耕田，也可能挨饿。

原文

子曰："可与共学，未可与适[①]道；可与适道，未可与立[②]；可与立，未可与权[③]。"

——**子罕篇第九**(9·30)

注解：① 适：到达。② 立：坚定不移。③ 权：权变。

今译

孔子说："可以和他一起学习的人，未必能与他一同抵达道；能够与他一同抵达道的人，未必能够与他一同坚守道；能够与他一同坚守道的人，未必能够与他一同灵活运用。"

释义

学道、适道、立道、权道，四个层次，每个层次都在道中；学道、适道、立道、权道，四个层次，越到后面人数越少了。特别是最后一个层次，将死守而不会权变的人分离出去了。能留在最后一个层次的人，就是能活用道的人，那才是真正得道之人。

原文

子谓子产[①]，“有君子之道四焉：其行己也恭，其事上也敬，其养民也惠，其使民也义[②]”。

——**公冶长篇第五**(5・16)

注解：① 子产：姓公孙，名侨，子产是他的字，郑国大夫，做过正卿，是郑穆公的孙子，为春秋时郑国的贤相。② 义：行事正当，符合礼仪、法度。

今译

孔子评价子产，说：“他具有君子的四项处事原则：自身行为庄重，事奉君主恭敬，对待百姓有恩惠，使用百姓得当。”

释义

这里孔子讲的是君子为政之道。子产在郑简公、郑定公之时执政 22 年。彼时正是晋楚两国争强、战乱不息的时候。郑国是小国，夹在两个大国之间，又地处要冲，为晋楚两国所睥睨。子产却不低声下气，也不妄自尊大，能确保国家安全，使国家受到尊重，的确是一位杰出的政治家和外交家。孔子对子产的评价很高，认为治国安邦就应当具有子产的这四种“君子之道”。

原文

子曰：“笃信好学，守死善道，危邦不入，乱邦不居。天下有道则见[①]，无道则隐。邦有道，贫且贱焉，耻也；邦无道，富且贵焉，耻也。”

——**泰伯篇第八**(8·13)

注解：① 见(xiàn)：同“现”。

今译

孔子说：“坚定信念并刻苦学习，誓死守卫并完善大道。政局不稳的国家不进入，动乱的国家不居住。政治清明就出来做官，世道黑暗就隐居起来。国家太平而自己贫困、卑贱，是耻辱；国家混乱而自己富有、显贵，也是耻辱。”

释义

这里孔子先强调的是坚定信念，就是“志于道”不动摇。怎样才是不动摇？刻苦学习，誓死守卫，并且不断地完善。遇到特殊情况怎么办？比如政局动荡混乱，那就拒绝与那些无道之人(昏君、贼臣)合作。这对一个从政者来说尤其重要。

原文

孔子曰：“天下有道，则礼乐征伐自天子[①]出；天下无道，则礼乐征伐自诸侯出。自诸侯出，盖十世希[②]不失矣；自大夫出，五世希不失矣；陪臣[③]执国命，三世希不失矣。天下有道，则政不在大夫；天下有道，则庶人[④]不议。”

——季氏篇第十六（16·2）

注解：① 天子：古时人们认为君权为神所授，故称君王为天子。一般认为这一称呼从周天子始。周天子拥有天下，将天下分封给诸侯，建立诸侯国。诸侯又在国内设卿、大夫、士三级。卿、大夫家的总管叫宰，称家臣。大夫对于天子，大夫的家臣对于诸侯，都是隔了一层的臣，叫“重臣”，也叫“陪臣”。② 希：通“稀”，少。③ 陪臣：此处指大夫的家臣。④ 庶人：周代统治部族居住在国中（城内）及国郊（城郊），称为国人。国人中的上层为卿、大夫、士，下层为庶人。大部分庶人居于城郊，耕种贵族分给的土地，享有贵族给予的政治、军事权利。此处泛指无官爵的平民。

今译

孔子说：“天下政治清明的时候，制作礼乐和出兵打仗都由天子决定；天下政治混乱的时候，制作礼乐和出兵打仗由诸侯决定。由诸侯决定，大概经过十代很少有不垮台的；由大夫决定，经过五代很少有不垮台的。天下政治清明，国家政权就不会落在大夫手中。天下政治清明，老百姓也就不会议论国家政治了。”

释义

春秋末期，周天子已无力控制天下，各诸侯国相互攻伐。在孔子看来,政权代传的长短与这个政权的执政方式是否合理有极大的关系。如果执政不合理,就不能有效地协调内部关系,不能很好地治理政事,不能顺当地管理百姓,自然就矛盾重重,政权不稳。诸侯、大夫、陪臣执掌国家的寿命不断递减,原因也在这里。

这里可以看出,孔子是从宏观的角度思考治理天下之道。

原文

季氏①将伐颛臾②。冉有、季路③见于孔子曰:“季氏将有事于颛臾。”

孔子曰:“求!无乃尔是过与④?夫颛臾,昔者先王以为东蒙主⑤,且在城邦之中矣,是社稷之臣也。何以伐为?”

冉有曰:“夫子⑥欲之,吾二臣者皆不欲也。”

孔子曰:“求!周任⑦有言曰:‘陈力就列⑧,不能者止。’危而不持,颠而不扶,则将焉用彼相矣?且尔言过矣,虎兕出于柙⑨,龟玉毁于椟中,是谁之过与?”

注解:① 季氏:又称季孙氏,指季康子,鲁国大夫。② 颛臾(zhuān yú):鲁国的附属国,在今山东省费县西。③ 冉有、季路:冉有,名求,字子有,孔子的弟子,鲁国人,有才艺,以政事闻名。季路,姓仲名由,字子路,孔子的得意弟子。冉有、季路此时都任季氏家臣。④ 无乃尔是过与:恐怕应当责怪你吧。无乃……与,恐怕……吧。过,责备,责怪。尔是过,“过尔”的倒装,“是”是助词。⑤ 东蒙主:东蒙,蒙山。主,主持祭祀的人。⑥ 夫子:这里指季氏。⑦ 周任:周代史官。⑧ 陈

力就列：陈力，发挥能力。就列，走进行列，这里指担任官职。⑨ 虎兕出于柙：兕（sì），雌性犀牛。柙（xiá），关押野兽的木笼。

冉有曰："今夫颛臾，固而近于费[10]。今不取，后世必为子孙忧。"

孔子曰："求！君子疾夫舍曰欲之而必为之辞[11]。丘也闻有国有家者，不患寡而患不均，不患贫而患不安。盖均无贫，和无寡，安无倾。夫如是，故远人不服，则修文德以来[12]之。既来之，则安[13]之。今由与求也，相夫子，远人不服而不能来也，邦分崩离析而不能守也；而谋动干戈于邦内。吾恐季孙之忧，不在颛臾，而在萧墙[14]之内也。"

——季氏篇第十六（16·1）

注解：⑩ 近于费：费（bì），季氏的采邑。颛臾与费相距仅七十里，所以说"近于费"。⑪ 君子疾夫舍曰欲之而必为之辞：君子痛恨那种不肯实说自己想要那样做而又一定要找出理由来为自己辩解的做法。疾，痛恨。辞，借口。⑫ 来，使……来，招徕。⑬ 安：使……安心。⑭ 萧墙：宫殿当门的小墙，称"屏"。古代臣子进见国君，至"屏"而肃然起敬，所以"屏"又称"肃墙"。"肃"、"萧"相通，所以"肃墙"又称"萧墙"。"萧墙之内"即指宫廷之内。

今译

季氏将要讨伐颛臾。冉有、子路去见孔子说："季氏快要攻打颛臾了。”

孔子说:“冉求,这恐怕要责怪你吧?颛臾从前是周天子让它主持东蒙的祭祀的,而且已经在鲁国的疆域之内,这是国家的臣属啊,为什么要讨伐它呢?”

冉有说:“季孙大夫想去攻打,我们两个人都不愿意。”

孔子说:“冉求,周任有句话说:‘尽自己的力量去承担你的职务,实在做不好就辞职。’有了危险不去扶助,跌倒了不去搀扶,那将在哪里用得着那个辅助的人呢?而且你的说法是错的。老虎、犀牛从笼子里跑出来,龟甲、玉器在匣子里毁坏了,这是谁的过错呢?”

冉有说:“现在那颛臾城墙坚固,而且离费邑很近。现在不把它夺取过来,将来一定会成为子孙的忧患。”

孔子说:“冉求,君子痛恨那种不肯实说自己想要那样做而又一定要找出理由来为自己辩解的做法。我听说,拥有封国拥有家族的人,不担忧贫穷,而担忧财富不均;不担忧人口少,而担忧不安定。财富均了,也就没有所谓贫穷;大家和睦,就不会感到人少;安定了,也就没有倾覆的危险了。所以,如果远方的人还不归服,就修文德招徕他们;已经来了,就让他们安心住下去。现在仲由和冉求你们两个人辅助季氏,远方的人不归服,却不能招徕他们;国家民心离散却不能保全,反而策划在国内使用武力。我只怕季孙氏的忧患不来自颛臾,而是来自内部啊!”

释义

季氏要攻伐的是鲁国的属国颛臾,作为孔子的高足,作为季氏的家臣,冉求与子路竟然没有去阻止季氏的不义行为;更严重的是,冉求还为季氏辩护。孔子当然很气愤了。所以,孔子一连用几个问句来责备两位弟子。

从孔子对弟子的责备中,可以看出孔子的几个重要观点:

季氏不应当攻伐颛臾。季氏是大夫,没有权利动武;颛臾是鲁国的属国,季氏攻伐颛臾于情于理都不符。

冉求与子路没有承担起家臣的责任。在孔子看来,在任职时就要看自己是否有能力胜任这个职务,如果觉得不能胜任,就不应当担任;冉求与子路有此之嫌。既然担任了这个职务,就不能推卸这个职务应尽的责任,现在冉求与子路不去阻止季氏的行为,只说是季氏自己要这样行动,就是在推卸臣谏主的责任。

明知错了还要为自己的错误行为辩护就更令人痛恨。

治理国家应当建立合理的分配制度,让每个成员都能得其所得(均),社会才会和谐,才会安定。

原文

长沮、桀溺[①]耦而耕[②]。孔子过之,使子路问津[③]焉。

长沮曰:“夫执舆者[④]为谁?”

子路曰:“为孔丘。”

曰:“是鲁孔丘与[⑤]?”

曰:“是也。”

曰:“是知津矣。”

问于桀溺。

桀溺曰:“子为谁?”

曰:“为仲由。”

曰:“是鲁孔丘之徒与?”

对曰:“然。”

曰:“滔滔者天下皆是也,而谁以易[⑥]之?且而[⑦]与其从辟人之士[⑧]也,岂若从辟世之士[⑨]哉?”耰而不辍[⑩]。

子路行以告。夫子怃然[11]曰："鸟兽不可与同群，吾非斯人之徒与而谁与[12]？天下有道，丘不与易[13]也。"

——**微子篇第十八**（18·6）

注解：① 长沮、桀溺：两位隐士，真实姓名和身世不详。② 耦而耕：两个人合力耕作。③ 问津：询问渡口。津，渡口。④ 执舆者：驾车的人。舆，辔，马缰绳。⑤ 与：同"欤"，吗。⑥ 易，改变，变革。⑦ 而：同"尔"，汝，你。⑧ 辟人之士：避开某一类人的人。这里指孔子。孔子周游列国，倡行仁爱的政治主张，但到处碰壁。孔子就避开那些话难听、脸色难看的国君，寻找能接纳自己的国君。辟，同"避"。⑨ 辟世之士：躲避乱世的人。指隐士。⑩ 耰（yōu）而不辍（chuò）：耰，用土覆盖种子。辍，停止。⑪ 怃然：怅然，失意的样子。⑫ 吾非斯人之徒与而谁与：即"吾非与斯之徒而与谁"，我不与那人类在一起，与谁在一起呢？徒，类。⑬ 丘不与易：我孔丘不参与变革。与，参与。

今译

长沮、桀溺在一起耕种，孔子路过，让子路去询问渡口在哪里。

长沮问子路："那个驾车的是谁？"

子路说："是孔丘。"

长沮说："是鲁国的孔丘吗？"

子路说："对的。"

长沮说："这个人知道渡口在哪里。"

子路再去问桀溺。

桀溺说："你是谁？"

子路说:“我是仲由。”

桀溺说:“你是鲁国孔丘的门徒吗?”

子路说:“对。”

桀溺说:“滔滔的洪水到处都是,谁可以去改变它呢?而且你与其跟着躲避人的人,哪里如跟着我们这些躲避乱世的人呢?”说完,不停地用土盖住播下的种子。

子路回来后把情况报告给孔子。孔子很失望地说:“人是不能与飞禽走兽合群共处的,我如果不与人类在一起,还能与谁在一起呢?如果天下政治清明,我孔丘就不会参与变革了。”

释义

天下都是滔滔洪水时,谁可改变?社会混乱、天下黑暗时,谁可拯救?肯定不是逃跑的人。那些避世之士就是逃跑者。只有那些积极参与变革的人,才可寻找到出路。

孔子身处乱世,但他积极入世。为拯救乱世,他五十四岁离开鲁国周游列国,游说诸侯,宣讲自己的政治主张,历时十四载。尽管各诸侯国国君都对他“敬而远之”,他的主张也没有能实现,但他没有丝毫懈怠。六十八岁那年,他回到了鲁国,开始全力整理古代典籍,最后完成了《诗》《书》《礼》《乐》《易》等古籍的整理,并修订了《春秋》。孔子的一生正是“生命不息,奋斗不止”的最好诠释,这也是他自己倡导的“士志于道”的最好注释。

假如孔子也如那些避世之士,隐居起来,只顾自己的清静,那会是一种怎样的结果啊!

正是孔子永远与受苦受难的人类在一起的不离不弃的人道关怀;正是孔子积极地参与到社会变革之中,并且知其不可为而为之;正是在各种打击面前不灰心、不气馁,虽九死而不悔,才有了中国圣人,才有了“中国文化的中心”!

原文

子路问成人[①]。子曰："若臧武仲[②]之知，公绰[③]之不欲，卞庄子[④]之勇，冉求之艺，文之以礼乐，亦可以为成人矣。"曰："今之成人者何必然？见利思义，见危授命，久要[⑤]不忘平生之言，亦可以为成人矣。"

——宪问篇第十四（14・12）

注解：① 成人：完善的人。② 臧武仲：鲁国大夫臧孙纥，"武"是他的谥号，很有智慧，有远见，善取舍。③ 公绰：即孟公绰，鲁国大夫，属于孟孙氏家族，德高才平。④ 卞庄子：鲁国卞邑大夫，以勇武闻名。⑤ 久要：长久处在贫困中。要，约，贫困。

今译

子路请教老师怎样的人才是一个完善的人。孔子说："如果具有臧武仲的智慧，孟公绰的克制，卞庄子的勇敢，冉求那样多才多艺，再用礼乐加以修饰，也就可以算是一个完善的人了。"孔子又说："现在完善的人何必一定要这样呢？见到利益想到是否符合义（是否是用正当的手段获得），遇到危险能献出生命，长久处于穷困还不忘平日的诺言，这样也可以成为一位完善的人。"

释义

何为"成人"（完善的人或者说"完人"）？有哪些标准？儒家描述的先王（尧舜禹汤文武周公）是"成人"。孔子特别向往这样的人。但当子路问"成人"时，孔子没有举先王为例，因为太远，所以他举了子路熟悉的人来说明，冉求是他的同学，还一起做过季氏的家臣。孔子想了想后，这些人的优长加在一起还是太难了，所以最后给出三个要点：“见利思义，见危授命，久要不忘平生之言”。孔子把“见利思义”放在最前面，是因为他们所处的社会是一个礼崩乐坏、物欲横流的社会，一个完善的人首先要把住不为物役这一关，懂得用正当行为(合乎礼法)云获得，不该取的一分不取，然后才能谈其他。

原文

子张问崇[①]德辨惑。子曰：“主忠信，徙义[②]，崇德也。爱之欲其生，恶之欲其死。既欲其生，又欲其死，是惑也。‘诚不以富，亦只以异’[③]。”

——颜渊篇第十二(12·10)

注解：① 崇：高，提高。② 徙义：顺从大义。徙，迁移。③ 诚不以富，亦只以异：《诗经·小雅·我行其野》篇的最后两句，意思是说，你这样做，即使真的不是嫌贫爱富，也恰是喜新厌旧，表达了一个被遗弃的女子对其丈夫喜新厌旧的不满情绪。这两句诗放在这里不好理解，与上下文关联不大。一般都认为是编排的错置。

今译

子张向老师请教怎样提高道德修养水平和辨析迷惑的能力。孔子说：“以忠诚守信为本，行为顺从大义，这就是提高道德修养水平了。爱一个人，希望他起死回生；厌恶一个人，恨不得他立刻死去。既要他活，又要他死，这就是迷惑。《诗》说：‘即使不是嫌贫爱富，也恰是喜新厌旧。’”

释义

同样是一个人，同样是一件事，你对他的情感不同，你对他的认识、理解、评判就会有很大的不同。孔子告诉子张，坚守基本原则，就不会被自己情感所左右，就能正确地认识、理解、评判人与事。基本原则是什么？是忠诚、守信、行义。

原文

子路从而后，遇丈人，以杖荷蓧①。

子路问曰："子见夫子乎？"

丈人曰："四体不勤，五谷不分，孰为夫子？"植其杖而芸②。

子路拱而立。止子路宿，杀鸡为黍而食③之。见其二子焉。

明日，子路行以告。

子曰："隐者也。"使子路反④见之。至，则行矣。

子路曰："不仕无义。长幼之节，不可废也；君臣之义，如之何其废之？欲洁其身，而乱大伦。君子之仕也，行其义也。道之不行，已知之矣。"

——微子篇第十八(18 · 7)

注解：① 荷蓧：荷，扛，挑。蓧(diào)，古代耘田用的竹器。② 芸：同"耘"，除草。③ 为黍(shǔ)而食：做小米饭给他吃。食(sì)，给……吃。④ 反：同"返"。

今译

子路跟随孔子出行，落在了后面，遇到一个老人，用拐杖挑着耘田的蓧。

子路问他说："您看到我的老师了吗？"

老丈说："四肢不勤劳，五谷分不清，谁是老师？"说完，便扶着拐杖去除草。

子路拱着手恭敬地站在一旁。老人留子路到他家住宿，杀了鸡，做了小米饭给他吃，又叫两个儿子出来与子路见面。

第二天，子路把这件事告诉了孔子。

孔子说："这是个隐士啊。"叫子路回去再看看他。子路到了那里，老人走开了。

子路说："不做官是不对的。长幼间的关系是不能废弃的，君臣间的关系怎么能废弃呢？想要自身清白，却破不了根本的君臣伦理关系。君子出仕，是为了实行君臣大义。至于我们倡行的仁道行不通，早就知道了。"

释义

隐居山林，远离社会，是不义，因为保全了自身清白，却废弃了君臣关系。

从最后一句话中可以读出，子路也早已明白，要在当时推行孔子克己复礼、仁爱天下的主张是行不通的，但他与老师一样，知其不可为而为之。这就是践行大义。

原文

子曰："君子之于天下也，无适[①]也，无莫[②]也，义[③]之与比[④]。"

——**里仁篇第四**（4・10）

注解：① 适：适当，好。② 莫：不当，不好。③ 义：适宜，正确。④ 比：比照，依照。

今译

孔子说："君子对于天下的人和事，没有一定好的成见，也没有一定不好的成见，而是比照义来看它是否对。"

释义

这里孔子提出"义之与比"的行事原则。人不能用成见来看待人和事，要根据此时此地此情此境是否符合情理来认识、理解、评价人和事。这样的行为才是符合"义"的行为。

原文

子曰："君子喻于义，小人喻于利。"

——**里仁篇第四**（4·16）

今译

孔子说："君子懂得义，小人知道利。"

释义

当利益的取得不符合义礼时，义与利是对立的。

君子坚守义，放弃利；小人舍弃义，获取利。这本来是一句再正常不过的话，但后人慢慢念歪了，认为君子只要义，不要利。其实，孔子并不是说君子不要利，而是说要得合理。所谓"君子爱财，取之有道”是也。

《宪问》开篇说：“宪问耻。子曰：‘邦有道，谷；邦无道，谷，耻也。’”用白话说就是：原宪问孔子什么是耻。孔子说：“国家政治清明，做官拿俸禄；国家黑暗无道，还做官拿俸禄，这就是耻。”

《述而》第十二，孔子说：“富而可求也，虽执鞭之士，吾亦为之。如不可求，从吾所好。”意思是：“如果富贵合乎义礼可以追求到，虽然是做给人执鞭的下等差事，我也愿意去做。如果富贵不合义礼，就不必去追求，那就还是按我的爱好去做事。”

这两段话，孔子说得非常明白，利可得，但要符合义。

原文

子曰：“饭[①]疏食饮水，曲肱[②]而枕之，乐亦在其中矣。不义[③]而富且贵，于我如浮云。”

——**述而篇第七**(7·16)

注解：① 饭：吃饭。② 曲肱：弯着胳膊。肱(gōng)，胳膊。③ 不义：用不正当的方法。

今译

孔子说：“吃粗粮，喝白水，弯着胳膊当枕头，乐趣也就在这中间了。用不正当的手段得来的富贵，对于我来讲就像是天上的浮云一样。”

释义

“饭疏食饮水，曲肱而枕之”，对于有理想追求的人来讲，是可以乐在其中的。确实，自古以来，有理想、有志向的君子从来不会为物质享受而奔波的。

在这里孔子提出了一个非常重要的观点：应像看待天上的浮云那样看待不合义礼的富与贵。普通人从这句话中读出了孔子“安贫乐道”的高洁。作为君子，更可以获得启示：要做大事，要实现高远的理想，就不能把富与贵作为切近的事情来追求；如果放弃高远的理想去追求富与贵，那是不义的行为。

原文

子曰：“非其鬼而祭①之，谄②也。见义③不为，无勇也。”

——为政篇第二（2·24）

注解：① 非其鬼而祭：鬼，这里指死去的祖先。祭，祭祀。古人称人刚死时的祭奠为凶礼，此后的祭礼为吉礼。前者是寄托哀思，后者是祈求祖先保佑。② 谄：谄媚、阿谀。③ 义：人应该做的事。

今译

孔子说：“不是你应该祭的鬼神，你却去祭它，这就是谄媚。见到应该挺身而出的事情，却不去做，就是没有勇。”

释义

该做的不做，是不义。勇于做该做的，就是义。所以，行仁德之道的人总是既勇且义的。

第三单元
知　　勇

《论语》中的“知”既是今天“知识”的“知”，又是“知道”的“知”，还是“智慧”的“智”。三者有时可以分开来讲，有时又是统一起来的。

从对“知”的追求看，孔子重视“知人”“知新”“知道”。“知道”是一个很高的境界，表现为知古、知今、知未来，表现为知知、知不知，表现为知行合一。

“勇”，《论语》涉及不多，但孔子对“勇”有明确的界定，那就是“义勇”。无义之勇，不算勇。

本单元选注的内容，侧重求“知”，包括“何为‘知’”“怎样求‘知’”等这类问题。

原文

子曰："学而时习①之，不亦说②乎？有朋③自远方来，不亦乐④乎？人不知⑤而不愠⑥，不亦君子⑦乎？"

——学而篇第一（1·1）

注解：① 时习：时常练习、温习。② 说（yuè）：通"悦"，愉快、高兴。③ 朋：志同道合的人。④ 乐：与"说"（悦）有所区别。"悦"在内心，"乐"现于外。⑤ 知：了解、理解。⑥ 愠（yùn）：恼怒，怨恨。⑦ 君子：此处指有道德、有修养、具有高尚人格的人。

今译

孔子说："学了又时常温习，不也很愉快吗？有志同道合的人从远方来，不也很令人高兴吗？别人不了解我却不怨恨、恼怒，不也是君子吗？"

释义

"学而时习"，是古人读书修身的方式。读书时有所得，且不断地温故知新，当然是令自己愉快的事。"有朋自远方来"，表明尚有志同道合者，自己还不算孤单。退一步讲，即使没有人了解自己的志向，了解自己的才华，了解自己的本领，又怎么样呢？修养到一定境界的人，是不会为此生闷气的。

不过话说回来，作为一位积极入世者，作为一位知其不可为而为之者，孔子最后一句话实在是没有办法的情况下对自己的安慰。这也从反面让我们理解孔子常讲的"知人"。

他在回答樊迟问“知”的时候，只回答了两个字：“知人”。人要有所作为，当然首先自己要有作为的本领，但还要社会为自己提供有作为的舞台，这就需要居上位者“知人”，了解人，发现人，“举直错诸枉”，正直、有本事的人就都能发挥自己的作用了。

原文

子曰：“不患[①]人之不己知[②]，患不知人也。”

——**学而篇第一**（1·16）

注解：① 患：担心，担忧。② 不己知：“不知己”的倒装，不了解自己。

今译

孔子说：“不怕别人不了解自己，只怕自己不了解别人。”

释义

这是推己及人，对自己提出更高的要求。如果每个人都担心自己不了解别人，特别是居上位者总是担心自己没有给下属发挥才华的最佳舞台，那么人与人相处就更加和谐融洽了，社会上屈才叫冤的人就会很少了。

原文

子曰：“不患无位，患所以立[①]；不患莫己知，求为可[2]知也。”

——**里仁篇第四**（4·14）

注解：① 所以立：用来立脚的才学。所以，用来……
② 可：值得。

今译

孔子说：“不担心没有职位，担心自己没有学到用来立得住脚的才学。不担心没有人知道自己，只求自己成为有真才实学值得为人们知道的人。”

释义

除了要“知人”，还要“知己”，即知道自己有没有才学，有没有值得被别人知道的才学。孔子希望他的学生首先立足于自身的学问、才能的培养，具备足以胜任未来所任职务的全面素质。

原文

孔子曰：“生而知之者，上也；学而知之者，次也；困而学之，又其次也；困而不学，民斯为下矣。”

——**季氏篇第十六**（16·9）

今译

孔子说：“生来就懂得道的人，是上等人；经过学习以后才知道的，是次一等的人；遇到问题再去学习的，是又次一等的人；遇到问题还不学习的人，这种人就是下等的愚民了。”

释义

孔子承认有“生而知之者”，但他也认为任何人只要学习就能“知之”。那些不能“知之”的人，成为下等愚民的人是自己造成的，因为他不学。

原文

子曰：“我非生而知之者，好古，敏[①]以求之者也。”

——述而篇第七（7·20）

注解：① 敏：勤勉。

今译

孔子说：“我不是生来就懂得知识的人，而是爱好古代文化，勤勉地去求得知识的人。”

释义

孔子否认自己是“生而知之”，但肯定自己爱好古代文化并勤奋刻苦的求索精神。这样的精神，使一个人由不知到知，由知之不多到知之甚多。孔子以此鼓励学生刻苦学习，勇于求知。

原文

子曰："盖有不知而作[1]之者，我无是也。多闻，择其善者而从[2]之；多见而识[3]之。知之次[4]也。"

——述而篇第七（7·28）

注解：① 作：做作，这里指不懂装懂。② 从：师从。③ 识（zhì）：记。④ 知之次：孔子认为"生而知之者，上也；学而知之者，次也"。

今译

孔子说："大概有不懂什么却在那里不懂装懂的人，我没有这样的毛病。多听，选择其中好的来学习；多看，然后记在心里。这是次一等的知。"

释义

对自己不懂的东西，千万不能不懂装懂，而应该多听、多看，努力学习，刻苦记忆，这种求知尽管是次一等的知，但对绝大多数并非"生而知之者"来说，就是最好的求知。这是孔子对自己的要求，同时也是对学生的期待。

原文

子曰："由也，女闻六言六蔽[1]矣乎？"

对曰："未也。"

"居[2]，吾语女。好仁不好学，其蔽也愚；好知不好学，其蔽也荡；好信不好学，其蔽也贼[3]；好直不好学，其蔽也绞[4]；好勇不好学，其蔽也乱；好刚不好学，其蔽也狂。”

——阳货篇第十七(17 · 8)

注解：① 六言六蔽：六言，即仁、知、信、直、勇、刚。蔽，通“弊”，弊病。② 居：坐。③ 贼：害。④ 绞：说话尖刻。

今译

孔子说：“由呀，你听说过六种品德和六种弊病相伴吗？”

子路回答说：“没有。”

孔子说：“坐下，我告诉你。爱好仁德而不爱好学习，它的弊病是愚昧；爱好智慧而不爱好学习，它的弊病是放荡；爱好诚信而不爱好学习，它的弊病是损害；爱好直率却不爱好学习，它的弊病是说话尖刻；爱好勇敢却不爱好学习，它的弊病是犯上作乱；爱好刚强却不爱好学习，它的弊病是狂妄自大。”

释义

仁、知、信、直、勇、刚，这六字本身并没有问题。问题是如果不能坚持学习，辨别生活中的假丑恶，只是一味地追求这六字，就会产生孔子所说的相伴而生的弊病。因此，要克服这些弊病，就会如孔子所言，不断地学习，不断地去“知”，去认识更广更深的人生与社会，那样才能真正成为仁德的人、智慧的人、诚信的人、直率的人、勇敢的人、刚强的人。

原文

子曰："由，诲女[①]，知之乎？知之为知之，不知为不知，是知也。"

——为政篇第二（2·17）

注解：① 女：通"汝"，你。

今译

孔子说："仲由，我教给你的，你明白吗？知道就是知道，不知道就是不知道，这就是知道！"

释义

知"知"与"不知"，这才是"知"。孔子用这样的话教育子路，是因为子路这个人总有些想当然，孔子要他好好学习，不要自以为是。

但孔子这句话的意义远不止于此，他提出了一个关于"知"的重要命题。一般人只觉得"知"就是知识或自己懂得，这只是"知"的一面。"知"的另一面，是我们所不知的知识或者说是没发现的知识，也就是通常所说的"惑"。一个有"知"的人，更重要的是明白自己知之甚少，甚至无知，处于"惑"中。所以西方哲人苏格拉底也说："我比别人知道得多的，不过是我知道自己无知。"苏格拉底的话不是谦虚，而是实事求是地说出了他是一个有真知的人。真正无知的人才会说自己什么都知道。

原文

子曰："吾有知乎哉？无知也。有鄙夫[①]问于我，空空如[②]也。我叩其两端而竭[③]焉。"

——子罕篇第九(9·8)

注解：① 鄙夫：乡野之人。鄙，边鄙，偏远地区。② 空空如：空空的样子。如，……的样子。③ 叩其两端而竭：叩，问，探究。两端，两头，指正反、始终、上下、精粗等。竭，尽力追究。

今译

孔子说："我有知识吗？没有知识啊。有一个乡下人问我，我对他谈的问题一点也不知道。我从问题的两端去探究，尽力去回答。"

释义

孔子很清楚自己在一些方面无知，这就是对自己有知，也就是"知"。他对乡野之人的提问，给出了自己真诚的回答，表现在"叩其两端而竭"。所谓"叩其两端而竭"，就是探究问题时得出不偏不倚的答案，回答别人求教时将求教者能理解到位的最恰当的内容用最恰当的方式传达出来，满足问者的需要，不故作高深，也不随意敷衍。这既是很好的求知态度，也是很真诚的诲人方式。

原文

子曰："温故[1]而知新，可以为师矣。"

——为政篇第二（2·11）

注解：① 故：旧知识。

今译

孔子说："在温习旧知识时，能有新体会、新发现，就可以当老师了。"

释义

"温故知新"是孔子教育思想中的一个重要支点。它不只是指一个人学习学过的知识时，有新的体会、新的发现；它更是指所有的人在学习前人留下的知识时，有新的发现。这样，人类的文明才会不断进步。

"温故知新"，"故"与"新"之间的桥梁是人的主动的"温"。"温"就是一个探求的过程，它与"学而时习之"的"时习"紧密相联。人类在"时习"旧知、在"温故"的过程中前行。

原文

子贡曰："贫而无谄[1]，富而无骄，何如[2]？"

子曰："可也。未若贫而乐，富而好礼者也。"

子贡曰："《诗》云，'如切如磋，如琢如磨[3]'，其斯之谓与？"

子曰："赐[4]也！始可与言《诗》已矣，告诸往而知来者[5]。"

——学而篇第一(1·15)

注解：① 谄：巴结、奉承。② 何如：如何，怎么样。③ 如切如磋，如琢如磨：精益求精的意思。二句见《诗·卫风·淇澳》。加工象牙和兽骨，切了还要磋（锉平），加工玉石，琢了还要磨（打磨）。④ 赐：子贡名，孔子对学生都称其名。⑤ 告诸往而知来者：诸，之于。往，从前的事。来者，未来的事情。

今译

子贡请教老师说："贫穷而能不谄媚，富有而能不骄傲自大，怎么样？"

孔子说："这也算可以了。但是还不如虽贫穷却乐道，虽富裕而又好礼的人。"

子贡说："《诗》上说，'要像对待骨、角、象牙、玉石一样，切磋它，琢磨它'，就是讲的这个意思吧？"

孔子说："赐呀，可以开始同你谈讲《诗》了：告诉你从前的事，你能从中悟出未来的事。"

释义

"贫而无谄，富而无骄"，已经很不错了。

孔子提出更高的要求："贫而乐，富而好礼。"后者只有道德修养很高的人才能做到。

孔子表扬子贡，是因为子贡会"知"，由"往"知"来"。举一反三，触类旁通，在"知"中前进。这是孔子对"知"的一种期待。

原文

子张问："十世[①]可知也？"子曰："殷因于夏[②]礼，所损益[③]可知也；周因于殷礼，所损益可知也。其或继周者，虽百世，可知也。"

——**为政篇第二**（2·23）

注解：① 世：古时称30年为一世。② 殷因于夏：殷，即商，在夏之后，在周之前。因，袭，沿用、继承。③ 损益：减少增加。

今译

子张请教老师说："今后三百年的事情可以预先知道吗？"孔子回答说："商朝继承了夏朝的礼仪制度，减少的和增加的内容是可以知道的；周朝又继承商朝的礼仪制度，废除的和增加的内容是可以知道的。将来有继承周朝的，就是三千年以后的情况，也是可以预先知道的。"

释义

孔子生活在公元前551—前479年，离现在2 500多年了。他预见的事是不是兑现了？他陶醉其中的周代的礼仪在今天还有多少？那自远古传递而来的仁、义、礼、知、信等，在今天是否还存活着？许多还有着鲜活的生命力啊！孔子的仁爱思想，不是在今天越来越为人们所称道吗？

孔子在这里提出了一个重要概念：损益。它的含义是增减、兴革。即对前代典章制度、礼仪规范等有继承、沿袭，也有改革、变通。这表明，孔子本人并不是一定要完完全全回到周公时代，他也不反对所有的改革。他也很清楚，后代一定会有所改革。

孔子是“知”者。

原文

季路问事鬼神。子曰：“未能事人，焉能事鬼？”曰：“敢[①]问死。”曰：“未知生，焉知死？”

——**先进篇第十一**（11·12）

注解：① 敢：谦词，表示对对方的尊敬。

今译

子路向老师请教事奉鬼神的事。孔子说：“没能做好侍奉人的事，怎么能侍奉鬼呢？”子路说：“请问死是怎么回事？”孔子回答说：“还不明白怎么活着，怎么能明白死的事情呢？”

释义

“事人”，指侍奉君亲。君亲活着的时候不能尽忠尽孝，君亲死后也就谈不上敬畏鬼神，孔子希望人们能够忠君孝亲。

“知生”，就是明白为什么而活、怎么活。这个问题都不知，是不需要去知为什么死、怎么死的问题的。

这里表明了孔子在鬼神、生死问题上的基本态度，敬鬼神而远之，以积极事生的态度回避空谈怎么谈也谈不清楚的死。

这是孔子传递给后代的有关人生的非常重要的“知”。

原文

子曰："莫我知也夫[①]！"子贡曰："何为其莫知子也？"子曰："不怨天，不尤[②]人。下学而上达，知我者其天乎！"

——宪问篇第十四（14·35）

注解：① 莫我知：莫知我。② 尤：责怪。

今译

孔子说："没有人了解我啊！"子贡说："为什么说没有人了解您呢？"孔子说："我不怨恨天，不责备人，学习切身的知识而通达天理，了解我的大概只有天吧！"

释义

孔子认为没有人了解他，但老天大概是了解的。为什么？在孔子关于"知"的世界中，"知天"与"天知"是统一的。他"下学而上达"，能通达天理，老天自然就有知了。这也就是天人感应，天与人互知。这也说明，孔子学问大到了无人可及的地步。

原文

子曰："吾十有[①]五而志于学，三十而立[②]，四十而不惑[③]，五十而知天命[④]，六十而耳顺[⑤]，七十而从心所欲不逾矩[⑥]。"

——为政篇第二（2·4）

注解：① 有：同“又”。② 立：自立，有了自己的发展目标。③ 不惑：不被外界事物所迷惑。④ 天命：指不能为人力所支配的事情，自然规律。⑤ 耳顺：对任何话都不介意。⑥ 从心所欲不逾矩：从，遵从。逾，越过。矩，规矩。

今译

孔子说：“我十五岁立志学习，三十岁能够自立，四十岁能不被外界事物所迷惑，五十岁懂得了天命，六十岁听到任何话都不介意，七十岁能随心所欲而不越出规矩。”

释义

孔子自述自己的修养的过程。这是用一生才能完成的漫长过程：五十岁之前是学习领会阶段，五十、六十岁是敬畏天命阶段，也就是基本上不受环境左右的阶段；七十岁以后是主观意识和做人规则合而为一的阶段。而其中最重要的是“知天命”，懂得人力可达与人力不可达，懂得可为与不可为，懂得知与不知……于是，人就真正实现了从自立到自觉的飞跃，开始进入最高的境界。

原文

孔子曰：“君子有三畏：畏天命，畏大人①，畏圣人之言。小人不知天命而不畏也，狎②大人，侮圣人之言。”

——季氏篇第十六(16·8)

注解：① 大人：有道德的人。② 狎（xiá）：轻慢，不尊重。

今译

孔子说："君子有三项敬畏：敬畏天命，敬畏道德高尚的人，敬畏圣人的话。小人不懂得天命，因而也不敬畏，轻慢道德高尚的人，轻侮圣人的话。"

释义

从君子与小人的对比可以看出，他们最根本的区别是"知天命"与"不知天命"。"知天命"就懂得有许多事情不是人力可为的，即使是人力可为，也不是每个人都可为，因为人与人是有区别的，包括高尚的道德境界，也不是人人可以随便达到的；那些至理名言，也并非脱口就成。所以，"知天命"就懂得敬畏。若"不知天命"，就随心所欲，无所顾忌，没有禁忌，不懂敬畏。

原文

孔子曰："不知命，无以[1]为君子也；不知礼，无以立也；不知言，无以知人也。"

——尧曰篇第二十（20·3）

注解：① 无以：没有……用来。

今译

孔子说："不懂得天命，就没有办法成为君子；不知道礼仪，就没有办法立身处世；不善于分辨别人的话语，就不能真正了解他。”

释义

一个人要活出境界，就要“知命”“知礼”“知言”。

原文

子曰：“宁武子[①]，邦有道则知，邦无道则愚[②]，其知可及也，其愚不可及也。”

——公冶长篇第五（5·21）

注解：① 宁武子：姓宁，名俞，卫国大夫，“武”是他的谥号。② 愚：这里是装糊涂的意思。

今译

孔子说：“宁武子这个人，当国家政治清明时，他就显得聪明；当国家政治昏乱时，他就装糊涂。他的聪明别人可以赶得上，他的装糊涂别人就做不到了。”

释义

孔子对宁武子的生活态度基本取赞许的态度。这与孔子在《泰伯》中讲的“邦无道，富且贵焉，耻也”是完全一致的。我们不能认为孔子在这里是赞美明哲保身，他更多的是赞美不与无道之君合作。这就是“知”：有所为，有所不为。这也是“义”：该做时一定做，不能做时尽可能不做。

原文

阳货[1]欲见孔子，孔子不见，归孔子豚[2]。

孔子时其亡[3]也，而往拜之，遇诸涂[4]。

谓孔子曰："来！予与尔言。"曰："怀其宝而迷其邦[5]，可谓仁乎？"

曰："不可。"

"好从事而亟[6]失时，可谓知[7]乎？"

曰："不可。"

"日月逝矣，岁不我与[8]。"

孔子曰："诺，吾将仕矣。"

——阳货篇第十七（17·1）

注解：① 阳货：一说就是阳虎，季氏的家臣。也有人认为不是，应当是当时鲁国有权势的大夫。② 归孔子豚：归（kuì），通"馈"，赠送。豚（tún），小猪。这里指小熟猪。③ 时其亡：时，通"伺"，暗中打听。亡，通"无"，这里指外出不在家。④ 涂：同"途"。⑤ 怀其宝而迷其邦：怀，怀揣，卷在怀中藏起来。迷，听凭迷乱。⑥ 亟（qì）：屡次。⑦ 知：同"智"。⑧ 与：等待。

今译

阳货想让孔子去拜见他，孔子不愿，他便赠送给孔子一只熟小猪。

孔子打听到阳货不在家时，往阳货家拜谢，却在半路上遇见了阳货。

阳货对孔子说:“来,我有话要跟你说。”阳货说:“把自己的本领藏起来而听任自己的国家迷乱,这可以说是仁吗?”

孔子回答说:“不可以。”

阳货说:“喜欢参与政事却又屡次错过机会,这可以说是智吗?”

孔子回答说:“不可以。”

阳货说:“时间一天天过去了,年岁不等我啊。”

孔子说:“好吧,我要去做官了。”

释义

阳货先是要让孔子去拜见他,孔子不见,他就故意送给孔子一头小熟猪。按当时的礼节,大夫给一般士人送礼了,士人就要亲自去拜谢。孔子不想见阳货,但还是在拜谢的路上遇见了。阳货希望孔子出仕,并用孔子理解的仁与智给孔子讲了一通大道理,孔子都认可了。

为什么阳货可以对孔子这样傲慢无礼?阳货是一位有权有势者。倚仗权势胁迫他人的人是很多的。

原文

子曰:“君子道者三,我无能焉[①]:仁者不忧,知者不惑,勇者不惧。”子贡曰:“夫子自道也。”

——**宪问篇第十四**(14・28)

注解:① 焉:于之,在这方面。

今译

孔子说："君子的素质包含三个方面，我在这些方面都未能做到：仁德的人不忧愁，聪明的人不迷惑，勇敢的人不畏惧。"子贡说："这是老师在说自己啊！"

释义

一个完善的人，是仁、智、勇的统一体。

原文

子路曰："君子尚勇乎？"子曰："君子义以为上。君子有勇而无义为乱，小人有勇而无义为盗。"

——阳货篇第十七（17·23）

今译

子路向老师请教说："君子崇尚勇敢吗？"孔子答道："君子把义作为最高的行为准则。君子有勇无义就会作乱，小人有勇无义就会做强盗。"

释义

子路是勇者，所以问崇尚勇敢是不是君子行为。孔子告诉学生：可以崇尚"勇"，但"尚勇"要用"义"来节制。该勇的时候要勇，不该勇的时候勇了，就会出问题，君子就会犯上作乱，小人就会做强盗。也就是说，恰当的勇武的行为——义勇，才能称之为真正的勇。从孔子的仁爱学说出发，可以说，践行仁德之勇才是真勇，也就是行大义。

原文

子曰："仁者必有勇，勇者不必有仁。"

——**宪问篇第十四**（14·4）

今译

孔子说："仁人一定勇敢，勇敢的人却不一定有仁德。"

释义

孔子认为勇敢是仁德的一个方面，但勇与仁不能等同。人除了有勇以外，还要修养其他各种道德，从而成为仁德之人。所以，若只有勇敢的勇者，是不能称为仁的。

原文

子曰："好勇疾贫，乱也。人而不仁，疾之已甚[2]，乱也。"

——**泰伯篇第八**（8·10）

注解：① 疾：恨、憎恨。② 已甚：太过分。

今译

孔子说："喜好勇武而憎恨穷困，是祸乱。人如果不仁德，被憎恨得太过分，是祸乱。"

释义

后一句显示了孔子思考的深度。一个人不仁德，不完全是这个人自己的责任，社会也有一定的责任。对不仁德的人憎恨得过分，就是把所有的责任都推给了不仁德的人，这是社会自己在推卸责任。绝对道德主义者往往会这样做。孔子推崇仁德，但他不是绝对道德主义者。一旦将道德绝对化，也就是用道德来评判一切，就会走向道德的反面，必生祸乱。

第四单元

礼　乐

《论语》论及“礼”的次数仅次于“仁”，达 75 次之多。

“礼”在孔子思想中占有非常重要的地位。“礼”是行为规范，“礼”是社会秩序，“礼”是仁者情怀。孔子期待“克己复礼”，身体力行，言传身教，终生不渝。

《论语》中的“乐”常与“礼”相提并论。“礼”是外在的约束，“乐”是内在的激发，两者相辅相成，达到社会和谐、人生快乐。

“礼”“乐”并作，人进于“仁”。这是孔子理想的修身之阶。

原文

子曰："兴[①]于《诗》，立于礼，成于乐。"

——泰伯篇第八(8·8)

注解：① 兴：开始。

今译

孔子说："人生从学《诗》开始，通过学礼自立，在音乐中完善。"

释义

孔子时代，《诗》是作为步入人生的最初教材来使用的。《诗》有文学熏陶的意义，有社会人生的认识、协调意义，有思想的启迪意义。所以说"兴于《诗》"。

"礼"是行为规范，是社会秩序。孔子时代，是"礼法"社会，"礼"与"法"有时紧密不分。一个人要在社会立身成人，就必须尊礼、守礼。所以说"立于礼"。

"礼"是外在约束，"乐"则是内在激发。"礼""乐"并作，人方可进入完善的境界。所以说"成于乐"。

诵《诗》、习礼、演乐，是孔子教育行为的三个重要方面。虽有先后次序，但也不能说有严格的时间区分。事实上，一个人要达到完善的人生境界，一辈子都不能放松这三方面的修炼。

原文

有子曰："礼之用，和[①]为贵。先王[②]之道，斯[③]为美。

小大由之，有所不行。知和而和，不以礼节之，亦不可行也。”

——学而篇第一（1·12）

注解：① 和：和谐，得当。② 先王：前代君王。这里指尧、舜、禹、汤、文、武、周公。③ 斯：此，这。

今译

有子说：“礼的应用，以和谐为重。前代君王的治国之道，这点最美。但不论大事小事只顾按和谐的办法去做，有的时候也行不通。这是因为和谐是和谐了，却并不是以礼来节制的和谐，也是不可行的。”

释义

有子说了两个问题：第一，先王治国之道最美的是以礼来营造和谐社会；第二，“和”是礼的最高境界，但没有礼节制的“和”不是真正的“和”。“和”是目的，“礼”是手段。

原文

子曰：“非礼勿视，非礼勿听，非礼勿言，非礼勿动。”颜渊曰：“回虽不敏，请事[①]斯语矣。”

——颜渊篇第十二（12·1）

注解：① 请事：请，请让我。事，从事，照着去做。

今译

孔子说："不合礼的不要看，不合礼的不要听，不合礼的不要说，不合礼的不要做。"颜渊说："我虽然不聪明，请让我照您的这些话去做。"

释义

这是孔子在颜渊请教怎样才能成为仁者时的回答。孔子说："克己复礼，天下归仁。"颜渊又请教具体的做法，孔子就说了这著名的"四'勿'"。

能做到"四'勿'"，一切都中规中矩，那就会"从心所欲不逾矩"，进入自在自为的生命境界——"仁者"的生命境界。

原文

子曰："知[①]及之，仁不能守之；虽得之，必失之。知及之，仁能守之，不庄以莅[②]之，则民不敬。知及之，仁能守之，庄以莅之，动之不以礼，未善也。"

——卫灵公篇第十五(15・33)

注解：① 知：同"智"。② 莅(lì)：临，面对，对待。

今译

孔子说："凭借聪明才智能得到它，不能用仁德保有它，即使得到，一定会丧失。凭借聪明才智能得到它，仁德能够保有它，如果不能用严肃态度对待它，那么百姓就会不敬重。凭借聪明才智能得到它，仁德能够保有它，能用严肃态度对待它，但举动不符合礼仪，那也不是最完善的。”

释义

只用“知”有诈之嫌，“知”需“仁”守；只用“仁”流于宽，“仁”还要用“庄”来面对；只有“庄”则为猛，“庄”还要用“礼”来调整。

如何不诈、不宽、不猛？用“礼”来协调，使“知”归于“知”，“仁”归于“仁”，“庄”归于“庄”。

原文

子路、曾皙①、冉有、公西华②侍坐。

子曰：“以吾一日长乎尔，毋吾以也③。居④则曰：‘不吾知也！’如或知尔，则何以哉？”

子路率尔⑤而对曰：“千乘之国⑥，摄⑦乎大国之间，加之以师旅⑧，因之以饥馑⑨。由也为之，比及⑩三年，可使有勇，且知方⑪也。”

夫子哂⑫之。

注解：① 曾皙：名点，字子皙，曾参的父亲，孔子的弟子。② 公西华：姓公西，名赤，字子华，鲁国人，孔子的弟子。③ 以吾一日长乎尔，毋吾以也：第一个“以”，因为；第二个“以”，通“已”，停止。一日，指时间短，比喻年岁相差小，这是孔子谦虚的说法。尔，你。毋，不要。④ 居：平居，平日。⑤ 率尔：轻率地。⑥ 千乘之国：有一千辆兵车的国家。乘，一车四马为一乘。⑦ 摄：夹，含有局促、受制约的意思。⑧ 加之以师旅：“以师旅加之”的倒装，受到别国军队的侵犯。⑨ 饥馑：灾荒。五谷不熟为饥，蔬菜不熟为馑。⑩ 比及：等到。⑪ 方：规

矩，指礼义、道义。⑫ 哂(shěn)：微笑，轻微讥笑。

“求！尔何如？”

对曰：“方六七十，如[13]五六十，求也为之，比及三年，可使足民。如其礼乐，以俟[14]君子。”

“赤！尔何如？”

对曰：“非曰能之，愿学焉。宗庙之事[15]，如会同[16]，端章甫[17]，愿为小相[18]焉。”

“点！尔何如？”

鼓瑟希[19]，铿尔，舍[20]瑟而作，对曰：“异乎三子者之撰[21]。”

子曰：“何伤[22]乎？亦各言其志也。”

曰：“莫[23]春者，春服既成，冠者[24]五六人，童子六七人，浴乎沂[25]，风乎舞雩[26]，咏而归。”

夫子喟然[27]叹曰：“吾与[28]点也！”

三子者出，曾皙后。曾皙曰：“夫三子者之言何如？”

子曰：“亦各言其志也已矣。”

曰：“夫子何哂由也？”

曰：“为国以礼，其言不让，是故哂之。”

“唯求则非邦也与？”

“安见方六七十，如五六十，而非邦也者？”

“唯赤则非邦也与？”

“宗庙会同，非诸侯而何？赤也为之小，孰能为之大？”

——**先进篇第十一**(11·26)

注解：⑬ 如：或者。⑭ 俟：等待。⑮ 宗庙之事：指祭祀。⑯ 会同：诸侯会盟。⑰ 端章甫：端，礼服。章甫，礼帽。⑱ 小相：相当于现在的司仪。相，诸侯会盟时协助行礼的官员。⑲ 鼓瑟希：鼓，弹奏。希，通“稀”。⑳ 舍：放下。㉑ 撰：同“譔”，说的话。㉒ 伤：妨碍。㉓ 莫：同“暮”。㉔ 冠者：已经行过冠礼的成年人。古人二十岁行冠礼，表示成年。㉕ 沂：沂水。㉖ 舞雩：祭天求雨的高坛。在当时鲁国都城南的沂水边上。㉗ 喟然：长叹的样子。㉘ 与(yù)：赞同。

今译

子路、曾皙、冉有、公西华四个人陪孔子坐着。

孔子说：“我年龄比你们大一些，不要因为我大就不敢说。你们平时总说：‘没有人了解我呀！’假如有人想了解你们，那你们要做什么呢？”

子路轻率地回答：“一个拥有一千辆兵车的国家，夹在大国中间，受到别的国家侵犯，加上国内又闹饥荒，让我去治理，等到三年，就可以使人们勇敢善战，而且懂得礼仪。”

孔子听了，微微一笑。

孔子又问：“冉求，你怎么样呢？”

冉求答道：“方圆六七十里或五六十里的国家，让我去治理，等到三年，就可以使百姓丰衣足食。至于礼乐教化，就要等君子来施行了。”

孔子又问：“公西赤，你怎么样？”公西赤答道：“我不敢说能做到，而是愿意学习。在宗庙祭祀的活动中，或者在诸侯会盟时，我愿意穿着礼服，戴着礼帽，做一个小小的司仪。”

孔子又问：“曾点，你怎么样呢？”

这时曾点弹瑟的声音逐渐稀疏下来，接着“铿”的一声，放下瑟站起来，回答说：“我想的和他们三位说的不一样。”

孔子说："那有什么妨碍呢？也就是各人讲自己的志向而已。"

曾皙说："暮春三月，已经穿上了春天的衣服，我和五六位成年人、六七个小孩子，去沂河里洗洗澡，在舞雩台上吹吹风，一路唱着歌回来。"

孔子长叹一声说："我赞成曾皙的想法啊！"

子路、冉有、公西华三个人都出去了，曾皙后走。他问孔子说："他们三人的话怎么样？"孔子说："也就是各自谈谈自己的志向罢了。"

曾皙说："老师为什么要笑仲由呢？"

孔子说："要用礼来治理国家，可是他说话一点也不谦让，所以我笑他。"

曾皙又问："冉求讲的不是治理国家的事吗？"

孔子说："哪里见得方圆六七十里或五六十里的地方就不是国家呢？"

曾皙又问："公西赤讲的不是治理国家的事吗？"

孔子说："宗庙祭祀和诸侯会盟，这不是诸侯的事又是什么？像赤这样的人如果只能做一个小司仪，谁又能做大司仪呢？"

释义

在老师的启发下，学生畅谈理想。孔子肯定了曾皙的理想，因为如果真的是暮春三月，五六个大人、六七个小孩子，在河里洗洗澡，在台上吹吹风，一路唱着歌回家，这样一幅景象，那就真的是其乐融融的生活了。孔子所追求的社会图景就是如此啊！

在曾皙的追问下，孔子最后解释了自己"哂"子路的原因——他不知礼。"礼"之用，从个体而言，是协调个人与他人、社会的关系；从为政而言，是安邦治国之大政。子路跟随孔子多年，竟还没有真正理解“礼”的意义，并化为行动。由此也衬出了冉求与公西赤在知礼方面比子路强。由此也可看出，按孔子“克己复礼”的理想，子路的路还很长。

原文

子路曰：“卫君[①]待子为政，子将奚[②]先？”

子曰：“必也正名[③]乎！”

子路曰：“有是哉，子之迂也！奚[④]其正？”

子曰：“野哉，由也！君子于其所不知，盖阙[⑤]如也。名不正则言不顺，言不顺则事不成，事不成则礼乐不兴，礼乐不兴则刑罚不中[⑥]，刑罚不中，则民无所措手足。故君子名之必可言也，言之必可行也。君子于其言，无所苟[⑦]而已矣。”

——子路篇第十三（13・3）

注解：① 卫君：卫出公，名辄，卫灵公之孙。其父蒯(kuǎi)聩被卫灵公驱逐出国，卫灵公死后，蒯辄继位。蒯聩要回国争夺君位，遭到蒯辄拒绝。孔子认为儿子对抗父亲是“名不正”，所以与子路有此对话。② 奚(xī)：哪里。③ 正名：即正名分。④ 奚：什么。⑤ 阙：通“缺”，存疑的意思。⑥ 中(zhòng)：恰当，得当。⑦ 苟：苟且，马马虎虎。

今译

子路请教老师说：“卫国国君要您去治理国家，您打算先从哪些事情做起呢？”

孔子说:“首先必须正名分。”

子路说:“有这个必要吗?您绕得太远吧。要正名干什么?”

孔子说:“仲由,真鲁莽啊。君子对于他不知道的事情,总是采取存疑的态度。名分不正,说起话来就不顺当。说话不顺当,事情就办不成。事情办不成,礼乐也就不能兴盛。礼乐不能兴盛,刑罚的执行就不会得当。刑罚不得当,百姓就不知怎么办好。所以,君子定下一个名分必须有理由能够说得明白,说出来一定能够施行。君子对于自己的言行,是从不马马虎虎对待的。”

释义

“正名”是“礼”的组成部分。正名的具体内容就是“君君、臣臣、父父、子子”,只有“名正”才可以做到“言顺”。成语“名正言顺”由此而来。

“君子于其所不知,盖阙如也。”这也是“知之为知之,不知为不知”的具体表现。

原文

宰我[①]问:“三年之丧,期已久矣。君子三年不为礼,礼必坏;三年不为乐,乐必崩。旧谷既没,新谷既升,钻燧改火[②],期[③]可已矣。”

子曰:“食夫稻[④],衣夫锦,于女安乎?”

曰:“安。”

“女安则为之。夫君子之居丧,食旨[⑤]不甘,闻乐不乐[⑥],居处不安,故不为也。今女安,则为之!”

宰我出,子曰:“予之不仁也!子生三年,然后免于父母之怀,夫三年之丧,天下之通丧也。予也有三年之爱于其父母乎？”

——**阳货篇第十七**（17·21）

注解：①宰我：姓宰，名予，字子我，鲁国人，孔子的弟子，口才极好。孔丘不喜欢这位巧舌如簧的门生。②钻燧改火：古人钻木取火，四季所用木料不同，各种木料每年轮一遍，叫“改火”。③期（jī）：满一年。④食夫稻：古代北方少种稻米，故大米很珍贵。这里是说吃好的。⑤旨：甜美，指吃好的食物。⑥闻乐不乐：第一个“乐”读 yuè，第二个“乐”读 lè。

今译

宰我向老师请教说：“服丧三年，时间太长了。君子三年不演习礼仪，礼仪必然败坏；三年不演奏音乐，音乐就会荒废。旧粮吃完，新粮登场，钻燧取火的木头轮过了一遍，有一年的时间就可以了。”

孔子说：“才一年的时间你就吃开了大米饭，穿起了锦缎衣，这你心安吗？”

宰我说：“我心安。”

孔子说：“你心安，你就那样去做吧！君子守丧，吃美味不觉得香甜，听到音乐不觉得快乐，住在家里不觉得心安，所以不那样做。如今你既觉得心安，你就那样去做吧！”

宰我出去后，孔子说：“宰予真是不仁啊！小孩生下来，到三岁时才能离开父母的怀抱。服丧三年，这是天下通行的丧礼。难道宰予对他的父母没有三年的爱吗？”

释义

弟子与老师讨论为逝去的父母服丧的时间，弟子认为要由三年缩短为一年，孔子坚持三年不改。孔子的意见是孩子生下来以后，要经过三年才能离开父母的怀抱，所以父母去世了，也应该为父母守三年丧。宰我不同意，所以孔子批评宰我“不仁”。

孔子之前，华夏就已经有为父母守丧三年的习惯，后来经过儒家的礼法强化，一直沿袭下来了。

原文

子曰：“礼云礼云，玉帛[①]云乎哉？乐云乐云，钟鼓[②]云乎哉？”

——阳货篇第十七（17·11）

注解：① 玉帛：举行礼仪时用的礼器。② 钟鼓：进行宴乐时演奏的乐器。

今译

孔子说：“礼呀礼呀，仅是玉帛之类的礼器吗？乐呀乐呀，仅是钟鼓之类的乐器吗？”

释义

“礼”与“乐”都是教化人的手段，目的都指向和谐悦乐的社会人生。如果只是为演礼奏乐而“礼”“乐”，甚至只是演示一下礼器和乐器，那就离“礼”“乐”的目的很远了。

原文

子贡欲去告朔之饩羊[1]。子曰："赐也！尔爱[2]其羊，我爱其礼。"

——八佾篇第三（3·17）

注解：① 告朔之饩羊：朔，农历每月初一为朔日。告朔，古代制度，天子每年秋冬之际，把第二年的历书颁发给诸侯；诸侯国的国君在自己的祖庙里举行仪式接受历书。饩（xì）羊：祭祀用的活羊。饩，活的牲畜。② 爱：爱惜，不舍得。

今译

子贡想去掉向祖庙告朔用的活羊。孔子说："赐呀，你爱惜那只羊，我却热爱那种礼。"

释义

告朔接受历法，意味着尊奉周王室的统治权。当时绝大多数诸侯国都不举行告朔仪式了，也就意味着周王室统摄天下的权力瓦解了。但鲁国还保留着"告朔"的形式，不过鲁国国君已不亲自去了。所以子贡提出去掉"饩羊"。对此，孔子大为不满，认为去掉了饩羊，告朔礼实际上就不存在了。孔子对子贡的批评，表明他维护"礼"的坚决态度。

"礼"常常是以一种特定的仪式（包括用于仪式的各种用具）来表现的。告朔就是一种特定的仪式。没有了特定的仪式，"礼"就不复存在了。"礼"是要有形式、要有仪式的，虽然不仅是形式，也不仅是仪式。

原文

林放[①]问礼之本。子曰："大哉问！礼，与其奢也，宁俭；丧，与其易[②]也，宁戚[③]。"

——**八佾篇第三**（3·4）

注解：① 林放：鲁国人。② 易：指有关丧葬的礼节仪式办理得很周到。③ 戚：心中悲哀。

今译

林放问什么是礼的根本。孔子回答说："你的问题很重要！礼与其奢侈，不如节俭；丧事与其治办周备，不如内心真正悲伤。"

释义

表面看孔子没有回答林放的问题，细想想却是回答得非常中肯。"礼"需要形式，但如果只是形式就没有意义。"礼"的根本是通过形式来传达内心的情感。孔子重视的是礼对人心的感化，要将礼建立在人人都发自内心的理性情感之上。

原文

孔子谓季氏[①]，"八佾[②]舞于庭，是可忍也，孰不可忍也？"

——**八佾篇第三**（3·1）

注解：① 季氏：鲁国正卿季孙氏，即季平子。② 八佾(yì)：佾，行列。古时跳舞一佾八人，八佾就是六十四人。据《周礼》规定，只有周天子才可以使用八佾，诸侯为六佾，卿大夫为四佾，士用二佾。季氏是正卿，只能用四佾。

今译

孔子谈到季氏，说："他用八八行列的舞队在自己的厅堂里奏乐舞蹈，这样的事可以容忍，还有什么事情不能容忍的呢？"

释义

春秋末期，社会处于土崩瓦解、礼崩乐坏的过程中，违犯周礼、犯上作乱的事情不断发生。季孙氏"八佾舞于庭"，是破坏周礼的典型事件。对此，孔子表现出极大的愤慨。"是可忍，孰不可忍"一句，反映了孔子对此事的鲜明态度。

原文

子夏问曰："'巧笑倩兮，美目盼兮，素以为绚兮[①]。'何谓也？"子曰："绘事后素[②]。"曰："礼后乎？"子曰："起予者商也[③]，始可与言《诗》已矣。"

——八佾篇第三(3·8)

注解：① 巧笑倩兮，美目盼兮，素以为绚兮：前两句见《诗·卫风·硕人》篇。倩，笑得好看。盼，眼睛黑白分明。素，白绢。绚，有文采。② 绘事后素：绘，画。后，在……之后。素，白底。③ 起予者商也：起，启发。予，我，孔子自指。商，子夏名商。

今译

子夏向老师请教："'美妙的笑靥很好看啊，美丽的眼睛顾盼有神啊，洁白的质地画着绚丽的画啊。'这几句话是什么意思呢？"孔子说："这是说先有白底然后画画。"子夏又问："那么，礼是仁德之后的事吗？"孔子说："能启发我的人是商啊！现在可以同你讨论《诗》了。"

释义

子夏从孔子所讲的"绘事后素"中领悟到仁先礼后的道理，受到孔子的称赞。孔子认为，外表的礼仪同内心的情操应是统一的，如同绘画一样，质地不洁白，就不会画出丰富多彩的图案。

原文

子曰："周监[①]于二代[②]，郁郁[③]乎文哉！吾从周。"

——**八佾篇第三**(3・14)

注解：① 监(jiàn)：通"鉴"，借鉴。② 二代：这里指夏代和商代。③ 郁郁：文采很盛的样子。这里是丰富、浓郁的意思。

今译

孔子说："周朝的礼仪制度从夏、商二代借鉴而来，是多么丰富多彩啊！我遵从周朝的礼仪。”

释义

孔子对夏商周的礼仪制度有深入研究。他认为后一个王朝对前一个王朝必然有承继、有沿袭。孔子所处的春秋时代处在周之后，他认为应当遵从周礼。但这也不是绝对的，孔子在《为政》篇中说：“殷因于夏礼，所损益可知也；周因于殷礼，所损益可知也。其或继周者，虽百世，可知也。”

原文

子曰：“夏礼吾能言之，杞[①]不足征[②]也；殷礼吾能言之，宋[③]不足征也。文献[④]不足故也。足，则吾能征之矣。”

——八佾篇第三(3·9)

注解：① 杞：春秋时国名，夏禹的后裔建立的封国，在今河南杞县一带。② 征：证明。③ 宋：春秋时国名，是商汤的后裔建立的封国，在今河南商丘一带。④ 文献：文，指历史典籍；献，指贤人。

今译

孔子说：“夏朝的礼，我能说出来，但它的后代杞国不足以证明它；殷朝的礼，我能说出来，但它的后代宋国不足以证明它。这都是由于文字资料和熟悉夏礼与殷礼的人不足的缘故。如果足够的话，我就可以证明它。”

释义

孔子认为对夏商周三代之礼的说明，要靠足够的历史典籍、贤人来证明，这反映了他对知识的求实态度。

原文

子曰：“事君尽礼，人以为谄也。”

——**八佾篇第三**（3・18）

今译

孔子说：“事奉君主礼数周到，别人却以为这是谄媚啊。”

释义

臣子应当按照礼仪事奉君主，这是孔子的政治伦理信念，但却受到别人的讥讽，认为他是在向君主谄媚。这里，孔子既感叹礼仪的废失，也感慨守礼做人之难。

原文

子曰：“管仲之器小哉！”或曰：“管仲俭乎？”曰：“管氏有三归①，官事不摄②，焉得俭？”“然则管仲知礼乎？”曰：“邦君树塞门③，管氏亦树塞门；邦君为两君之好有反坫④，管氏亦有反坫。管氏而知礼，孰不知礼？”

——**八佾篇第三**（3・22）

注解：① 三归：市租。② 摄：兼任。③ 树塞门：树，树立。塞门，在大门口筑的一道短墙，用来区别内外，相当于屏风、照壁等。④ 反坫(diàn)：古代君主招待别国国君时，放置献过酒的空杯子的土台。

今译

孔子说："管仲这个人的器量狭小啊！"有人问孔子："管仲节俭吗？"孔子说："他收市租，家臣一人一职而不兼任，怎么能说节俭呢？"那人又问："那么管仲知礼吗？"孔子回答："国君大门口设立照壁，管仲也在大门口设立照壁。国君同别国国君举行会见时在堂上有放空酒杯的台子，管仲也有这样的台子。如果说管仲知礼，还有谁不知礼呢？"

释义

孔子对管子作出过多次评价。这里，孔子指出管仲一不节俭，二不知礼。在《宪问》中，孔子肯定管仲是仁者，因为"管仲相桓公，霸诸侯，一匡天下，民至于今受其赐"。

原文

孔子于乡党，恂恂[①]如也，似不能言者。其在宗庙、朝廷，便便[②]言，唯谨尔。

朝[③]，与下大夫言，侃侃如[④]也；与上大夫言，訚訚如[⑤]也。君在，踧踖如[⑥]也，与与如[⑦]也。

——**乡党篇第十**(10・1、2)

注解：① 恂恂(xún)：温和恭顺。② 便：通"辩"，善于辞令。③ 朝：君主没有视朝时。下文的"君在"，指君主视朝时。④ 侃侃如：说话理直气壮，不卑不亢，温和快乐的样子。⑤ 訚訚(yín)如：和颜悦色而又能直言争辩的样子。⑥ 踧踖(cù jí)如：恭敬而不安的样子。⑦ 与与如：小心谨慎、威仪适中的样子。

今译

孔子在乡里很温和恭敬，像是不会说话的样子；他在宗庙里、朝廷上，却很善于言辞，只是说得比较谨慎而已。

孔子在上朝的时候，国君还没有到来，同下大夫说话，温和而快乐的样子；同上大夫说话，正直而公正的样子。国君已经来了，恭敬而心中不安的样子，但又仪态适中。

释义

孔子在朝、在乡的言谈举止、音容笑貌，非常有角色意义。在不同的场合，对待不同的人，往往容貌、神态、言行都不同。他在家乡时，给人的印象是谦逊、和善的老实人；他在朝廷上，国君还没有视朝时，则态度恭敬而有威仪，不卑不亢，敢于讲话；他在国君面前，温和恭顺，局促不安，庄重严肃又诚惶诚恐。

孔子是礼仪模特儿。

原文

子疾病[①]，子路使门人为臣[②]。病间[③]，曰："久矣哉，由之行诈也。无臣而为有臣。吾谁欺？欺天乎？且予与其死于臣之手也，无宁死于二三子之手乎？且予纵不得大葬④，予死于道路乎？”

——子罕篇第九(9·12)

注解：① 疾病：病重。疾，生病。病，病重。② 为臣：臣，指家臣，总管。孔子当时不是大夫，没有家臣，但子路叫门人充当孔子的家臣，准备由此人总管孔子的丧事。③ 病间：病情减轻。④ 大葬：指大夫的葬礼。

今译

孔子患了重病，子路派了门徒去做孔子的家臣。孔子的病好了一些，他说：“仲由干这种弄虚作假的事情很久了。我没有家臣，却偏偏要装作有家臣，我骗谁呢？我骗上天吧？再说与其在家臣的侍候下死去，不如在你们这些弟子的侍候下死去。我即使不能用大夫礼仪来安葬，难道就会被丢在路边吗？”

释义

儒家非常重视葬礼的等级。对于死去的人，要严格地按礼的等级治丧。不同等级的人有不同的安葬仪式，违反了这种规定，就是大逆不道。孔子反对学生们按大夫礼为他办理丧事，是为了恪守周礼的规定。

同时也可以看到，孔子是多么讲究实事求是啊。

原文

齐景公①问政于孔子。孔子对曰：“君君、臣臣、父

父、子子。”公曰：“善哉！信如君不君，臣不臣，父不父，子不子，虽有粟，吾得而食诸？”

——**颜渊篇第十二**（12・11）

注解：① 齐景公：名杵臼，齐国国君。

今译

齐景公向孔子请教如何治理国家。孔子说：“做君主的要像君主，做臣子的要像臣子，做父亲的要像父亲，做儿子的要像儿子。”齐景公说：“讲得好呀！如果君不像君，臣不像臣，父不像父，子不像子，虽然有粮食，我能吃得上吗？”

释义

孔子认为，治理国家最根本的是建立良好的社会秩序，区分上下尊卑。春秋时期社会动荡，等级名分受到破坏，弑君弑父的事情屡有发生。所以他告诉齐景公，做到“君君、臣臣、父父、子子”，国家就可以得到治理。

原文

子在齐闻《韶》[①]，三月不知肉味，曰：“不图为乐之至于斯也。”

——**述而篇第七**（7・14）

注解：①《韶》：相传舜时歌颂世道升平的乐曲名。

今译

孔子在齐国听到了《韶》乐，有很长时间尝不出肉的滋味，他说：“想不到《韶》乐的美达到了这样迷人的地步。”

释义

孔子对音乐很有研究，音乐鉴赏能力很强。他听《韶》“三月不知肉味”，说明他欣赏古乐已经到了十分痴迷的程度。这一方面当然是《韶》乐的美吸引他，另一方面也是《韶》乐作者的仁德美在召唤着他。

原文

子谓《韶》：“尽美矣，又尽善也。”谓《武》[①]：“尽美矣，未尽善也。”

——八佾篇第三（3・25）

注解：①《武》：相传是歌颂周武王的一种乐舞。

今译

孔子这样讲《韶》：“美到极致了，又善到极致。”这样说《武》：“美到极致，但不能说善到极致。”

释义

什么样的音乐是最美的音乐？像《韶》乐：尽善尽美。何为“善”？高尚的思想情感、崇高的道德意义。何为“美”？优美的艺术形式。“尽善尽美”事实上已成为后代衡量一切艺术是否完美的标准。

原文

子曰：“《关雎》[1]，乐而不淫，哀而不伤。”

——八佾篇第三（3·20）

注解：①《关雎（jū）》：《诗经》的第一篇。

今译

孔子说：“《关雎》这首诗，快乐而不放纵，哀怨而不悲伤。”

释义

孔子对《关雎》一诗的这个评价，体现了他对中和之美的重视。“中和”就是“发乎情止乎礼义”，这也是孔子“中庸”哲学思想在艺术思想上的表现。

原文

颜渊问为邦。子曰：“行夏之时[1]，乘殷之辂[2]，服周之冕[3]，乐则《韶》舞。放郑声[4]，远佞人。郑声淫，佞人殆。”

——卫灵公篇第十五（15·11）

注解：① 夏之时：夏代的历法。② 殷之辂(lù)：天子所乘的车。殷代的车是木制成，比较朴实。③ 周之冕：周代的帽子。④ 放郑声：放，禁绝、排斥、抛弃。郑声，郑国的乐曲，孔子认为是淫声。

今译

颜渊请教老师怎样治理国家。孔子说："用夏代的历法，乘殷代的车子，戴周代的礼帽，奏《韶》乐。禁绝郑国的乐曲，疏远奸佞小人。郑国的乐曲浮靡不正派，奸佞小人危险。"

释义

这是孔子的理想社会。要注意的是，两次提到乐，正反对比着说。

原文

子曰："先进[①]于礼乐，野人[②]也；后进[③]于礼乐，君子[④]也。如用之，则吾从先进。"

——**先进篇第十一**(11・1)

注解：① 先进：先习礼乐后仕进，即先学习礼乐而后再做官。② 野人：朴素粗鲁的人，或指乡野平民。③ 后进：先仕进后习礼乐，即先做官后学习礼乐。④ 君子：此处指贵族。

今译

孔子说："先学习礼乐而后再做官的人，是原来没有爵禄的平民；先当了官然后再学习礼乐的人，是贵族。如果要选用人才，那我主张选用先学习礼乐的人。"

释义

在孔子看来，应当先学后为官，不是先为官再学。所以他主张使用人才应当选拔已经学习过礼乐的人才。

原文

子曰："贤哉回也，一箪[①]食，一瓢饮，在陋巷，人不堪其忧，回也不改其乐。贤哉回也。"

——**雍也篇第六**(6·11)

注解：① 箪(dān)：古代盛饭用的竹器。

今译

孔子说："颜回的品质是多么高尚啊！一箪饭，一瓢水，住在简陋的巷子里，别人都忍受不了穷困清苦，颜回却没有改变他的生活乐趣。颜回的品质是多么高尚啊！"

释义

颜回"不改其乐"受到孔子的赞扬。颜回"不改其乐"表现的品质就是"贫贱不移"。一个有志向、有理想的人，为实现理想而努力，其中有着很多的乐趣。颜回“不改”的是他坚持自身修养而获得的乐趣。

有仁德，守礼仪，一直坚持，就是“贤者”，如颜回。

第五单元

忠　孝

讲"仁""德"，讲"道""义"，最终都要落实在"忠""孝"二字上。

对他人"忠"，对父母"孝"，可谓仁矣，可谓德矣，可谓道矣，可谓义矣。

原文

曾子曰："吾日三省[1]吾身：为人谋而不忠乎？与朋友交而不信乎？传[2]不习[3]乎？"

——学而篇第一（1·4）

注解：① 三省（xǐng）："三"表示多次的意思。"省"，检查，反省。② 传（chuán）：老师传授的学业。③ 习：这里的"习"字和"学而时习之"的"习"一样，包括温习、实习、演习等，这里概括地译为"温习"。

今译

曾子说："我每天多次检查、反省自己：替别人办事有不尽心尽力的地方吗？同朋友往来有不诚实的地方吗？老师传授我的学业没有温习吗？"

释义

曾参作为孔子的大弟子，深得孔子学问的精髓。孔子的仁学自修身始，修身最重要的一环又是"省"身。"省"身首先要"省"的是自己作为一个社会人的角色是否做好了。于是就要问自己："为人谋"是否竭尽全力了，"与朋友交"是否诚实守信，老师传授的学业是否践行了。正是在这样的自省中，"仁人"逐步成长。

曾子这句名言的"忠""信""习"三字可以理解为并列关系，也可以理解为包容关系。细细推敲，你会发现，"忠"字其实是可以包容"信""习"的。对朋友"忠"，自然就"信"；对老师及其传授学业“忠”，自然就“习”。

原文

子曰：“见贤思齐[1]焉，见不贤而内自省[2]也。”

——**里仁篇第四**（4・17）

注解：① 见贤思齐：贤，有道德、有才能的人。齐，相同，一致。② 省（xǐng）：反省。

今译

看见有德有才的人就想到要向他看齐，见到无德无才的人内心里就要自我反省，想一想自己是否有同样的问题。

释义

这句强调学习与反省在修身中的重要意义，尤其要注意后一句。人们大凡都有“见贤思齐”之心，但少有能时时处处见诸行动者，更少有“见不贤而内自省”者。一个人若能都做到，必定成为贤者。

原文

子以四教：文[1]，行[2]，忠，信。

——**述而篇第七**（7・25）

注解：① 文：历代文献。② 行：生活实践。

今译

孔子用四种内容教育学生：历代文献，社会生活实践，怎样忠心待人，如何诚信交际。

释义

用今天常用的四个字概括孔子这句话的意思，就是“读书做人”。读有字书(历代文献)和无字书(社会实践)，做忠心待人、诚信交际的仁人。

原文

子曰：“爱之，能勿劳乎？忠焉，能勿诲乎？”

——宪问篇第十四(14·7)

今译

孔子说：“爱他，能不叫他勤劳吗？对他尽心，能够不教诲他吗？”

释义

爱自己的孩子，就要让他养成勤奋、刻苦的劳作习惯；对自己的孩子全心全意，就要教导他、引导他、批评他、训诫他。

孔子这句话里，对勤劳与劝诲有着非常高的评价。一个优秀的人,一定是一个勤劳的人。所以,爱一个人,就应当让他走上勤劳之路。一个忠诚的人,一定会尽忠诚之道。而忠诚之道,就是竭己所能地去向所忠诚的人劝诫,让他改正错误。所以,忠诚于某个人,就应当尽力劝诫他改正错误。

原文

子张问政。子曰:"居[①]之无倦,行之以忠。"

——**颜渊篇第十二**(12·14)

注解:① 居:处。这里指处在职位上。

今译

子张向老师请教怎样处理政务。孔子说:"在职位上不要倦怠,执行政令要忠心。"

释义

为政者要忠于自己的职守,居不倦,行以忠。

原文

樊迟问仁。子曰:"居处恭,执事敬,与人忠。虽之夷狄[①],不可弃也。"

——**子路篇第十三**(13·19)

注解：① 之夷狄：之，到。夷狄（dí），古代泛称中国东方各族为“夷”，泛称北方各族为“狄”，均用以泛指异族。

今译

樊迟向老师请教怎样成就仁。孔子道：“平日容貌态度端正庄严，工作严肃认真，对别人忠心诚意。这几种品德，即使走到异族去，也是不能废弃的。”

释义

“与人忠”，不仅在同族中如此，在异族中也应如此。

原文

子张问行。子曰：“言忠信，行笃敬，虽蛮貊[1]之邦，行矣。言不忠信，行不笃敬，虽州里[2]，行乎哉？立则见其参[3]于前也，在舆则见其倚于衡[4]也，夫然后行。”子张书诸绅[5]。

——卫灵公篇第十五（15・6）

注解：① 蛮貊：蛮，古代泛称中国南方各族；貊（mò），古代泛称中国北方各族，均用以泛指异族。② 州里：乡里，本乡本土。③ 参：高，这里是直立的意思。④ 衡：车辕前的横木。⑤ 绅：宽大的腰带。

今译

子张问如何才能使自己到处行得通。孔子道："言语忠诚老实，行为忠厚严肃，即使到了别的国家，也行得通。言语欺诈无信，行为刻薄轻浮，就是在本乡本土，能行得通吗？站立的时候，就仿佛看见'忠信笃敬'几个字直立在眼前；在车厢里，也仿佛看见它刻在前面的横木上。这样以后才能使自己到处行得通。"子张把这些话写在腰带上。

释义

一个人将"忠""信""笃""敬"贯穿在自己的言行中，就可在这个世界上畅行无阻了。这是孔子的教诲，也是孔子的理想。

原文

子曰："人而[①]无信，不知其可也。大车无輗，小车无軏[②]，其何以行之哉？"

——为政篇第二(2·22)

注解：① 而：却。② 輗(ní)、軏(yuè)：古代用牛力的车叫大车，用马力的车叫小车。两者都要把牲口套在车辕上。车辕前面有一道横木，就是驾牲口的地方。那横木，大车上的叫做鬲，小车上的叫做衡。鬲、衡两头都有关键(活销)，輗就是鬲的关键，軏就是衡的关键。车子没有它，自然无法套住牲口，那怎么能走呢？

今译

孔子说："作为一个人，却不讲信誉，不知那怎么可以。譬如大车子没有安横木的輗，小车子没有安横木的軏，那凭什么走呢？"

释义

诚信是社会得以存在的一块重要基石，是人与人顺利交往的底线。

原文

子贡问政。子曰："足食，足兵[1]，民信之矣。"

子贡曰："必不得已而去，于斯三者何先？"曰："去兵。"

子贡曰："必不得已而去，于斯二者何先？"曰："去食。自古皆有死，民无信不立。"

——颜渊篇第十二（12·7）

注解：① 兵：武器。

今译

子贡向老师请教怎样治理政事。孔子说："使粮食充足，使军备充足，让百姓信任。"

子贡说："如果迫不得已，要在粮食、军备和人民的信任三项中一定要放弃一项，先放弃哪一项？"孔子说："放弃军备。"

子贡说："如果迫不得已，在粮食和人民的信任两者之中一定要放弃一项，先放弃哪一项？”孔子说：“放弃粮食。自古以来谁都免不了死亡。如果没有百姓的信任，就不能立国。”

释义

诚信是立人之本，也是立国之本。

原文

有子曰：“信[1]近于义[2]，言可复[3]也。恭近于礼，远耻辱也。因[4]不失其亲，亦可宗[5]也。”

——**学而篇第一**（1·13）

注解：① 信：承诺。② 义：宜，恰当。③ 复：兑现。④ 因：依靠。⑤ 宗：效仿。

今译

有子说：“对人的承诺恰当其分，这个承诺就可以兑现。对人的恭敬合乎礼，就能够远离耻辱；依靠可亲的人，也是可以效法的做法。”

释义

有子的话是在讲说话、待人要恰如其分，不能过，过犹不及。话说过头了，就难兑现，成为空头支票，也就不能被人信任。待人过于谦恭，近于讨好、谄媚，会被人瞧不起，有时还会自取其辱。办事当然要更多地依靠可亲的人，更令自己放心。古人讲的“亲”指父母，这里可以放宽点指亲朋。

原文

子曰：“弟子[①]入[②]则孝，出则弟[③]，谨[④]而信，泛爱众，而亲仁。行有余力，则以学文。”

——学而篇第一（1·6）

注解：① 弟子：年纪幼小的人。② 入：在家。③ 出则弟：出，在外。弟，同“悌”，敬爱兄长。④ 谨：寡言。

今译

孔子说：“后生小子，在家孝顺父母；在外敬爱兄长；寡言少语，说出的话诚实可信，博爱大众，亲近有仁德的人。做到这些后若还有精力，就再去学习文献。”

释义

修身以践行仁德（孝、悌、谨、信、泛爱、亲仁）为本，以学习文献为辅。

孔子认为，孝顺父母、敬爱兄长、博爱众人，是一个人的根本。先做好根本的事，再谈其他的事。这对当世和后代都有很强的针对性，今天也是如此。

原文

子曰：“父在，观其志；父没[①]，观其行；三年无改于父之道，可谓孝矣。”

——学而篇第一（1·11）

注解：① 没：通“殁”。

今译

孔子说：“当他父亲健在的时候，要观察他的志向；他父亲死了之后，要考察他的行为；如果他多年能够不改变父亲合乎道义的做法，那就称得上是有孝道的人了。”

释义

“三年无改于父之道”，一种情况可能是情感上对父辈的倚重，不忍改；一种情况是不能改，前辈优良的作风和正确的做法应矢志追求，终身践履。从这个角度看，这句话虽然说的是孝道，核心意义和落足点则在于传承。

原文

子游[①]问孝。子曰：“今之孝者，是谓能养。至于犬马，皆能有养；不敬，何以别乎？”

——为政篇第二（2·7）

注解：① 子游：姓言，名偃，子游是他的字，吴国人，孔子的弟子。

今译

子游向老师请教什么是孝。孔子说："现在所说的孝，就是说能够养活父母。狗、马都能够得到饲养，若不能对父母心存敬意，那养活父母和饲养狗、马有什么分别呢？"

释义

孝不仅是行为，更是一种态度。"敬"就是孝的态度。对父母心存敬意，让父母从心底里感到子女的孝敬之心，才是真孝。若单以"养"论孝，那贫贱之家岂不难有"孝为"？所以古人说：百善孝为先，论心不论迹，论迹寒门无孝子。这里的"迹"就是指看得到的物质供养，"心"就是对父母的敬爱之心。

原文

子夏问孝。子曰："色难。有事，弟子[1]服其劳；有酒食，先生馔[2]，曾[3]是以为孝乎？"

——为政篇第二（2·8）

注解：① 弟子：年幼的人。后文的"先生"指年长的人。② 馔（zhuàn）：吃喝。③ 曾（céng）：竟。

今译

子夏向老师请教什么是孝。孔子说："儿子在父母前保持和悦、恭顺的脸色，是件难事。有事情，年轻人效劳；有酒有肴，年长的人吃喝，这竟然就可认为是孝吗？"

释义

“色难”，表明要始终保持对父母的敬意是很不容易的。也就是说，对父母孝敬并非易事。

原文

子曰：“事父母几[①]谏，见志不从，又敬不违[②]，劳[③]而不怨。”

——**里仁篇第四**（4·18）

注解：① 几（jī）：轻微，婉转。② 违：触忤，冒犯。③ 劳：忧愁。

今译

孔子说：“侍奉父母有时要婉转地劝谏，发现自己的劝谏父母不听从，仍然恭敬地不触犯他们，虽然忧愁，但不怨恨。”

释义

父母也会有错误。父母犯了错，做儿女的就应委婉地指出，拾遗补缺。

原文

子曰：“父母在，不远游，游必有方。”

——**里仁篇第四**（4·19）

今译

孔子说："父母在世，不出远门，如果要出远门，必须把去处告诉父母。"

释义

侍候在父母身边，才能时时为父母做事。即使硬要出远门，也要告诉自己的去向，以少让父母牵挂。

原文

子曰："父母之年，不可不知也。一则以喜，一则以惧。"

——**里仁篇第四**（4·21）

今译

孔子说："父母的年纪不能不时时记在心里：一方面因父母年寿高而欢喜，另一方面又因父母年寿高而恐惧。"

释义

这里孔子是强调最后讲到的"惧"字，警示人们"及时行孝"。等到"子欲养而亲不待"时，就悔恨莫及了。

原文

曾子曰："慎终①，追远②，民德归厚矣。"

——**学而篇第一**（1·9）

注解：① 终：寿终，指父母死去。② 远：指远祖。

今译

曾子说："谨慎地对待父母的丧葬礼，虔诚地追念远祖，百姓的德行就会仁厚。"

释义

曾参强调要好好地对待包括父母在内的已去世的先人。这实际上是要人们不忘本，不忘自己的来路。

第六单元

学　　友

求学，交友，是人生的两个重要方面。《论语》对此有精彩的论述。这些论述，几千年来都为人们所重视，许多已成为人们学习、交友的“经典”原则。

本单元选注的内容，主要从求学与交友的意义、方法、态度等方面给人们以指导。

原文

子曰："默而识[①]之，学而不厌[②]，诲人不倦，何有于我哉？"

——**述而篇第七**（7・2）

注解：① 识（zhì）：记。② 厌：满足。

今译

孔子说："默默地记住所学的知识，学习永不满足，教导别人不知道倦怠，这对我能有什么困难呢？"

释义

"默记"是一种重要的学习方法。默记书本知识，默记生活中悟到的知识，并且永不满足，这样才是一名好学者，这样也必然学有所成。孔子说这对自己没有什么困难，就是说他已进入一种高度自觉的学习状态中。

原文

子曰："学而不思则罔[①]，思而不学则殆[②]。"

——**为政篇第二**（2・15）

注解：① 罔：迷惑、糊涂。② 殆：危险。

今译

孔子说："只读书学习，而不思考问题，就会迷惘；只空想而不读书学习，就会危险。"

释义

学与思不可偏废。边学边思，又学又思，是学习的正确方法。

原文

子曰："吾尝终日不食，终夜不寝，以思，无益，不如学也。"

——卫灵公篇第十五（15·31）

译文

孔子说："我曾经整天不吃饭，彻夜不睡觉，去左思右想，结果没有什么好处，还不如去学习。"

释义

只思不学无益。

原文

子夏曰："百工居肆[①]以成其事，君子学以致其道。"

——子张篇第十九（19·7）

注解：① 百工居肆：百工，各行各业的工匠。肆，作坊。

今译

子夏说："各行各业的工匠住在作坊里来完成自己的工作，君子通过学习来掌握道。"

释义

除了学习，没有别的办法来掌握道。

原文

子曰："君子食无求饱，居无求安，敏于事而慎于言，就①有道②而正③焉，可谓好学也已。"

——学而篇第一（1・14）

注解：① 就：靠近、看齐。② 有道：指有道德的人。③ 正：匡正。

今译

孔子说："君子饮食不要求饱足，居住不要求舒适，处事敏捷，说话谨慎，到有道的人那里去请教，匡正自己的错误，这样可以说是好学了。"

释义

"好学"不仅指勤于学，还包括少说话多读书，还包括在没有充足的饮食和舒适的居住条件下也能坚持。

原文

子夏曰："贤贤易色[①]；事父母，能竭其力；事君，能致[②]其身；与朋友交，言而有信。虽曰未学，吾必谓之学矣。"

——**学而篇第一**（1·7）

注解：① 贤贤易色：第一个"贤"字作动词用，尊重的意思；第二个"贤"是名词，意思是贤德。易，轻视。② 致：献。

今译

子夏说："一个人择妻，看重贤德而看轻色相；侍奉父母，能够竭尽全力；服侍君主，能够献出生命；同朋友交往，说话恪守诚信。这样的人，尽管他自己说没有学习过，我一定说他已经学习过了。"

释义

子夏的话，说出了一个有文化、有修养的人的几个特征：重贤轻色，孝敬父母，忠于君王，诚实守信。并且将这些归结于"学"的结果。

原文

子曰："十室之邑，必有忠信如丘者焉，不如丘之好学也。"

——公冶长篇第五(5・28)

今译

孔子说:"即使只有十户人家的小村子,也一定有像我这样讲忠信的人,只是不如我那样好学罢了。"

释义

孔子强调自己的与众不同之处在于"好学",强调自己的德性和才能都是学来的。孔子在《述而》中也说:"我非生而知之者,好古,敏以求之者也。"意思是说,自己的知识,不是生而知之,是爱好古代文化,通过勤奋刻苦的求索获得的。

显然,孔子一直倡导刻苦学习。

原文

子曰:"三人行,必有我师焉①。择其善者而从之,其不善者而改之。"

——述而篇第七(7・22)

注解:① 焉:于之,在他们中。

今译

孔子说:"三个人一起走路,其中一定有可以做我老师的人。选择其中比我强的向他学习;比照其中不如我的反省自己,看自己是否有类似的毛病，有的话就改正它。”

释义

这里孔子不仅是强调向他人学习的重要性，更是指点一种非常重要的学习方法：“善者”固然可以成为我们的老师，从他们身上可以学到很多好的东西；就是“不善者”，也可以是我们的老师，因为他让我们反省自己，从而对错误的思想、认识和做法加以警戒。

原文

子曰：“加[①]我数年，五十以学《易》，可以无大过矣。”

——**述而篇第七**(7·17)

注解：① 加：通“假”，给予。

今译

孔子说：“再给我几年时间，到五十岁学习《易》，可以没有大的过错了。”

释义

为什么到五十岁才学《易》？在孔子看来，《易》难以读懂，只有那时才能好好地读。这是孔子求实精神的体现。据《史记·孔子世家》载，孔子读《易》“韦编三绝”。“韦”是牛皮，这里指牛皮绳。意思是说，孔子读《易》很勤勉，曾把穿竹简的牛皮绳翻断了很多次。

由此可以看出，孔子确实是好学的人。

原文

叶公[1]问孔子于子路，子路不对。子曰："女奚不曰，其为人也，发愤忘食，乐以忘忧，不知老之将至云尔。"

——**述而篇第七**（7·19）

注解：① 叶公：姓沈，名诸梁，楚国的大夫，封地在叶城（今河南叶县南），所以叫叶公。

今译

叶公向子路问孔子是个什么样的人，子路不答。孔子对子路说："你为什么不说，他这个人，发愤用功连吃饭都忘了，快乐得把一切忧虑都忘了，不知道自己快要老了。"

释义

生活在求索中，生活在乐观的求索中，自然会忘记忧虑，没有了忧虑。

原文

冉求曰："非不说[1]子之道，力不足也。"子曰："力不足者，中道而废。今女画[2]。"

——**雍也篇第六**（6·12）

注解：① 说：通“悦”，喜欢，爱慕。② 画：画线为界。

今译

冉有说：“我不是不喜欢你的学说，是我力量不够。”孔子说：“力量不够，走到半路才会停住。现在你是划定界限不往前走。”

释义

力量不够往往是懒惰的托词。学习不仅要有愿望，还要有毅力。

原文

子贡问曰：“孔文子[①]何以谓之文也？”子曰：“敏[②]而好学，不耻下问，是以谓之文也。”

——**公冶长篇第五**（5・15）

注解：① 孔文子：卫国执政卿大夫孔圉（yǔ），谥号“文”，“子”是对他的尊称。② 敏：勤勉。

今译

子贡向老师请教说：“为什么给孔文子一个‘文’的谥号呢？”孔子说：“他勤勉好学，不把向比他地位低的人请教看作羞耻，所以给他谥号‘文’。”

释义

“敏而好学，不耻下问”，所以被称为“文”。地位高的人，多数不太爱学习，更不能勤勉地学习，向比他地位低的人请教就少之又少了。孔圉却做到了，难得。

原文

子曰：“吾与回言，终日不违[①]，如愚。退而省其私[②]，亦足以发，回也不愚。”

——为政篇第二(2·9)

注解：① 不违：不提相反的意见和问题。② 省其私：考察颜回私下里的言行。省，检查，考察。

今译

孔子说：“我给颜回讲学，他从来不提反对意见和疑问，好像很愚笨。等他退下之后，我考察他私下的言行，发现他对我所讲授的内容有所发挥，可见颜回其实并不愚笨。”

释义

孔子不满意颜回的“终日不违”，即从来不提相反意见和问题。可见孔子希望学生在接受教育的时候，要开动脑筋，思考问题。孔子同时又细心观察颜回私下的言行，发现他不仅记住了老师的话，还有所发挥。所以孔子又夸奖他，因为颜回的学习行为正是“默而识之，学而不厌”的表现。

原文

哀公问："弟子孰为好学?"孔子对曰："有颜回者好学，不迁[①]怒，不贰[②]过，不幸短命死矣。今也则亡，未闻好学者也。"

——雍也篇第六(6·3)

注解：① 迁：转移。② 贰：重复。

今译

鲁哀公问孔子："你的学生中谁是最好学的呢?"孔子回答说："有一个叫颜回的学生好学，他从不把怒气转移给别人，不犯同样的过错，不幸短命死了。现在没有那样的人了，没有听说谁是好学的。"

释义

孔子一再赞美颜回。这里赞美他的两个突出特征——不迁怒，不贰过。"迁怒""贰过"是人们常犯的毛病，几乎是人类的通病，甚至可以说是人类的劣根。颜回去除了这样的劣根，是他努力学习、刻苦修炼的结果。

原文

子张学干禄[①]，子曰："多闻阙疑[②]，慎言其余，则寡尤[③]；多见阙殆[④]，慎行其余，则寡悔。言寡尤，行寡悔，禄在其中矣。”

——为政篇第二（2·18）

注解：① 干禄：求取官职。干，求。禄，古代官吏的俸禄。② 阙疑：阙，同“缺”，此处指放置在一旁。疑，怀疑。③ 尤：过错。④ 殆：同上文的“疑”。

今译

子张向老师请教谋取官职的办法。孔子说：“要多听，有怀疑的地方先放在一边，其余有把握的审慎地说出来，这样就少犯错误；要多看，有怀疑的地方先放在一旁，其余有把握的就审慎地去做，就能减少懊悔。说话少过失，做事少懊悔，官职俸禄就在这里了。”

释义

“谨言”“慎行”，即说有把握的话，做有把握的事，这样可以减少失误，减少懊悔，这是为官者负责任的态度。

孔子关于为官的见解，是他关于“知”与“行”二者关系认识的表现，也是他对“知之为知之”的进一步解说。

原文

樊迟请学稼[①]。子曰：“吾不如老农。”请学为圃[②]。曰：“吾不如老圃。”樊迟出，子曰：“小人哉，樊须也！上好礼，则民莫敢不敬；上好义，则民莫敢不服；上好信，则民莫敢不用情。夫如是，则四方之民襁负其子[③]而至矣，焉用稼？”

——子路篇第十三（13·4）

注解：① 稼：种庄稼。② 圃：种菜。③ 襁负其子：背着自己的小孩。襁（qiǎng），背负婴儿的布兜。

今译

樊迟向孔子请教如何种庄稼。孔子说：“我不如老农。”樊迟又请教如何种菜。孔子说：“我不如老菜农。”樊迟退出以后，孔子说：“樊迟，真是小人啊！如果在上位的人重视礼，老百姓就不敢不敬畏；在上位的人重视义，老百姓就不敢不服从；在上位的人重视信，老百姓就不敢不用实情来对待你。要是做到这样，四面八方的老百姓就会背着自己的小孩来投奔，哪里用得着自己去种庄稼呢？”

释义

孔子毫不客气地骂想学种庄稼和种菜的樊迟是小人。

为什么？

我们想一想，孔子是什么人？后人说他是圣人。他自己是以先王文化的传承者自居的。樊迟跑到他这里来请教种庄稼的事，他当然不高兴了！种庄稼，孔子当然不如老农。孔子说的是大实话啊！就像今天跑到最高学府的大学者那里，你去请教他种庄稼的事，不是一样可笑吗？当然，如果是攻克“杂交水稻”等难题，那要另当别论了，因为那是高科技攻关，并非一般的种庄稼。

孔子要樊迟学什么？学礼，学义，学信，用礼、义、信来修身治国平天下。这才是孔子的理想啊！樊迟竟然不懂这些，该骂啊！

原文

陈亢[1]问于伯鱼[2]曰："子亦有异闻乎？"

对曰："未也。尝独立，鲤趋[3]而过庭。曰：'学《诗》乎？'对曰：'未也。''不学《诗》，无以言。'鲤退而学《诗》。他日又独立，鲤趋而过庭。曰：'学礼乎？'对曰：'未也。''不学礼，无以立。'鲤退而学礼。闻斯二者。"

陈亢退而喜曰："问一得三。闻诗，闻礼，又闻君子之远[4]其子也。"

——**季氏篇第十六**（16·13）

注解：① 陈亢：字子禽，陈国人，孔子的弟子，小孔子四十岁。② 伯鱼：孔子的儿子，名鲤，字伯鱼。③ 趋：小步快走，以示恭敬。④ 远：不偏爱。

今译

陈亢问伯鱼："你在老师那里听到过什么特别的教诲吗？"

伯鱼回答说："没有呀。有一次父亲独自站在堂上，我快步经过庭院，他说：'学《诗》了吗？'我回答说：'没有。'他说：'不学《诗》，就没有办法说话。'我回去就学《诗》。又有一天，父亲又独自站在堂上，我快步经过庭院，他说：'学礼了吗？'我回答说：'没有。'他说：'不学礼就没有办法立身。''我回去就学礼。我就听到过这两件事。'"

陈亢回去高兴地说："我提一个问题，得到三方面的收获，听了关于学《诗》的道理，听了关于学礼的道理，又知道了君子不偏爱自己儿子。"

释义

陈亢跟随孔子较晚，学习心切，想从孔子儿子那里得到学习“秘诀”，所以有此问。虽没有得到（也不可能有）孔子特意传授儿子的学习秘诀，但他从孔鲤的回答中得到很大的启迪，尤其是这两点——学习都必须脚踏实地；君子不偏私。

从孔鲤的回答中也可以看到，孔子特别强调学《诗》、学礼的重要性。

原文

子曰：“古之学者为己，今之学者为人。”

——宪问篇第十四（14・24）

今译

孔子说：“古时候学习的人是为了提高自己而学，而现在学习的人是为了表现给人看而学。”

释义

“为己”与“为人”的不同，显示了学习的目的、意义不同，也分出了学习的高下。“为己”是为了提高自身的道德品性，是一种修身养性的学习；“为人”是为了炫耀自己，为了表现自己。

原文

子曰：“赐也！女以予为多学而识之者与？”对曰：

“然，非与？”曰：“非也。予一以贯之。”

——卫灵公篇第十五（15·3）

今译

孔子说：“赐啊！你以为我是学习得多了才一一记住的吗？”子贡答道：“是啊。难道不是这样吗？”孔子说：“不是的。我是用一个根本的东西把它们贯彻始终的。”

释义

“一以贯之”的“一”是什么？是仁爱，用曾参的话说就是“忠恕”。孔子告诉子贡，不要仅把他看成一个多学、多记的学识渊博的人，更应当把他看成一个用仁来贯通学识的人。确实，孔子学识渊博，孔子的仁爱思想体系更是博大。他用博大的仁爱思想把渊博的学识贯穿起来，或者说他用渊博的学识证实了仁爱的思想，使他成为了儒家的创立者。

原文

子曰：“小子何莫学夫《诗》？《诗》，可以兴，可以观，可以群，可以怨[①]。迩[②]之事父，远之事君；多识于鸟兽草木之名。”

——阳货篇第十七（17·9）

注解：① 可以兴，可以观，可以群，可以怨：兴，激发感情。观，观察了解天地万物与人间万象。群，合群。怨，抒发

怨恨，指用诗讽谏。② 迩(ěr)：近。

今译

孔子说："弟子们为什么不学习《诗》呢？学《诗》可以用来激发美感，可以用来观察天地万物及人间的盛衰与得失，可以用来教人合群，可以用来使人懂得怎样去讽谏上级。近可以用来事奉父母，远可以用来事奉君主；还可以多知道一些鸟兽草木的名字。"

释义

孔子用"兴""观""群""怨"四字概述的《诗》的意义，成为了后代认识文学意义的标尺。"兴"指激发美感的审美功能，"观"指了解社会的认识功能，"群"指感化心灵的道德功能，"怨"指批评社会的讽谏功能。

孔子时代，人们在社交中，往往要"赋诗言志"，就是引用《诗》中的句子来表达自己的心志。再加上孔子认为《诗》有上述功能，学《诗》的意义非常大，所以一直强调读《诗》。

原文

子张问善人[①]之道，子曰："不践迹[②]，亦不入于室[③]。"

——先进篇第十一(11·20)

注解：① 善人：这里指本性善良的人。② 践迹：踏着前人的足迹。指向前人学习。③ 入于室：指达到很高的境界。室，内室。孔子曾用"入门""升堂""入室"来比喻学问由初级到高级的三个阶段。

今译

子张向老师请教本性善良的人的作为。孔子说："不沿着前人的脚印走，也不能达到很高的境界。"

释义

孔子认为，本性善良的人虽不经过学习也能行善，但不能达到很高的境界。这里他是强调后天学习的重要性。

原文

子夏曰："仕而优①则学，学而优则仕。"

——**子张篇第十九**（19·13）

注解：① 优：有余力。

今译

子夏说："做官还有余力的人，就去学习；学习有余力的人，就可以去做官。"

释义

做官之余，还有精力和时间，那他就可以去进修，就是今天所说的"充电"，以更好地工作；学习之余，还有精力和时间，就可以去做官从政。

子夏这句话集中体现了孔子对学习与出仕关系的观点。学习的目的主要有两个，一个是修身，一个是从政。两个目的有先后次序。儒家主张积极用世，所以身修好了，就要从政，就要治国平天下。但做官了，就要认认真真地做，用心用力地做，做好了，还有精力和时间，不妨再学习，那样可以带着需要解决的实际问题去学习，为更好地治国平天下服务，也使自己整体地走上高一级修身之阶。

后人对子夏这句话的理解非常片面，一是把前半句丢弃不管，二是把“优”字理解为“优秀”，学得好。这样就丢弃了“修身”这第一位的目的，将学习完全功利化、庸俗化了。

原文

子游曰：“事君数[①]，斯辱矣；朋友数，斯疏矣。”

——**里仁篇第四**（4·26）

注解：① 数（shuò）：屡次、多次，引申为繁琐的意思。

今译

子游说：“事奉君主太过繁琐，就会受到侮辱；对待朋友太繁琐，就会被疏远了。”

释义

做事都有一个“度”的问题，恰到好处为最佳。

原文

颜渊、季路侍[①]。子曰：“盍[②]各言尔志？”

子路曰：“愿车马、衣裘，与朋友共，敝之而无憾[③]。”

颜渊曰："愿无伐善，无施劳④。"

子路曰："愿闻子之志。"

子曰："老者安之，朋友信之，少者怀之。"

——**公冶长篇第五**（5·26）

注解：① 侍：服侍，站在旁边陪着尊贵者叫侍。② 盍：何不。③ 憾：心中不满。④ 无伐善，无施劳：伐，夸耀。施，表白。劳，功劳。

今译

颜渊、子路两人侍立在孔子身边。孔子说："你们何不各自说说自己的志向？"

子路说："愿意拿出自己的车马、衣服、皮袍，同我的朋友共同使用，用坏了也没有不满。"

颜渊说："我愿意不夸耀自己的长处，不表白自己的功劳。"

子路向孔子说："希望听听您的志向。"

孔子说："让老年人安心，让朋友们信任，让少年人怀念。"

释义

"老者安之，朋友信之，少者怀之。"这就是孔子的社会理想。

原文

朋友死，无所归①，曰："于我殡②。"

朋友之馈，虽车马，非祭肉，不拜。

——**乡党篇第十**（10·22、23）

注解：① 归：指死后得到安葬。② 殡：停放灵柩和埋葬都可以叫殡，这里是泛指丧葬事务。

今译

朋友死了，没有人安葬，就说："由我来办丧事吧。"

朋友馈赠物品，即使是车马，只要不是祭肉，也不拜谢。

释义

为没有人办丧事的朋友办丧事，是重情分；不拜谢朋友的馈赠，是朋友间可以分享；拜谢朋友送的祭肉，是像敬重自己的亲人那样敬重朋友的亲人。

原文

曾子曰："君子以文会友，以友辅仁。"

——**颜渊篇第十二**(12·24)

今译

曾子说："君子用文章学问来结交朋友，依靠朋友帮助自己培养仁德。"

释义

用自己的高贵来结交高贵的朋友，依靠高贵的朋友来帮助自己培养仁德。

原文

孔子曰："益者三友[①]，损者三友。友直，友谅[②]，友多闻，益矣。友便辟，友善柔，友便佞[③]，损矣。"

——**季氏篇第十六**（16·4）

注解：① 友：交友，与……交友。② 谅：诚信。③ 友便辟，友善柔，友便佞：便辟（pián pì），行为不轨，举止不端；善柔，善于和颜悦色骗人；便佞，惯于花言巧语。

今译

孔子说："有益的交友有三种，有害的交友有三种。同正直的人交友，同诚信的人交友，同见闻广博的人交友，这是有益的。同举止不端的人交朋友，同善于阿谀奉承的人交朋友，同惯于花言巧语的人交朋友，这是有害的。"

释义

曾子说：以友辅仁。交友的最重要任务是帮助自己培养仁德，因此，所交的对象是否仁德就成了是否可交的重要标准。

第七单元
君　　子

“君子”最早指社会地位高的人，包括诸侯、大夫及没有职位的贵族男子。

在《论语》中，“君子”更多的是指道德品性高的仁人。孔子将自己心中的理想人格赋予了“君子”。“君子”就由原来的可世袭而来的高地位，演变为必须由自己修炼才可达到的崇高境界。于是，“君子”内在的高贵性成了社会各阶层的精神导向，直至今天。

与“君子”相对的是“小人”，《论语》中常常将“君子”与“小人”相对而言。

有地位显贵的“君子”，也有地位卑贱的“君子”；有地位显贵的“小人”，也有地位卑贱的“小人”。“君子”与“小人”之别，不在地位，不在财富，而在品性，在精神境界。

原文

子路问君子。

子曰："修己以敬。"

曰："如斯而已乎？"

曰："修己以安[1]人。"

曰："如斯而已乎？"

曰："修己以安百姓。修己以安百姓，尧舜其犹病诸[2]？"

——宪问篇第十四（14·42）

注解：① 安：使……安乐。② 病诸：病，忧虑。诸，之乎；"之"代"修己以安百姓"。

今译

子路请教老师怎样成为君子。

孔子说："修养自己，敬爱他人。"

子路说："像这样就够了吗？"

孔子说："修养自己，使周围的人们安乐。"

子路说："像这样就够了吗？"

孔子说："修养自己，使所有百姓都安乐。修养自己使所有百姓都安乐，尧舜大概还忧虑做不到吧？"

释义

何为君子？孔子提出了三个由低到高的标准：修身，达到敬爱他人；修身，使他人过得安乐；修身，使百姓过得安乐。修身是基础，最低要求是内心敬爱他人，有能力的还要为他人的生活安乐出力，有大能力的还要治国平天下。

原文

司马牛问“君子”。

子曰：“君子不忧不惧。”曰：“不忧不惧，斯谓之君子已乎？”子曰：“内省[①]不疚，夫何忧何惧？”

——颜渊篇第十二（12·4）

注解：① 省（xǐng）：省察，反思。

今译

司马牛向老师请教怎样成为君子。

孔子说：“君子不忧愁，也不恐惧。”

司马牛问道：“不忧愁、不恐惧，这样就可以叫做君子了吗？”

孔子说：“反省自己做到问心无愧，还有什么忧愁、恐惧呢？”

释义

孔子给出的“君子”标准看似很简单，其实要真正做到“内省不疚”，从而“不忧不惧”，又谈何容易呢！

子路与司马牛都请教孔子怎样成为君子，孔子的回答并不相同，但都强调修身。给子路的回答具有普遍意义，给司马牛的回答更具有个体针对性。司马牛自宋国来到孔子门下不久，就传来他的哥哥司马桓将要作乱的消息，他常常感到忧虑、恐惧，孔子于是用这番话勉励他。

原文

子曰："质胜文①则野②，文胜质则史③。文质彬彬④，然后君子。"

——**雍也篇第六**(6·18)

注解：① 质胜文：质，朴实。文，修饰，有文采。② 野：此处指粗鲁、鄙陋。③ 史：言词华丽，这里指虚伪、浮夸。④ 彬彬：指质与文兼备，配合很恰当。

今译

孔子说："朴实盖过了文采，就显得粗陋；文采盖过了朴实，就虚伪、浮夸。朴实和文采配合恰当，才是个君子。"

释义

"质"与"文"是同等重要的。君子应当是内在品质与外在修饰统一的人。既不能徒有华丽的外表，也不能没有外在的修饰。孔子强调表里一致。

原文

子曰："君子义以为质，礼以行之，孙①以出之，信以成之。君子哉！”

——卫灵公篇第十五（15・18）

注解：① 孙：通“逊”。

今译

孔子说：“君子行事把义作为根本，用礼加以推行，用谦逊的语言来表达，用忠诚的态度来完成。这就是君子啊。”

释义

君子要“义”“礼”“逊”“信”兼备。完成一次君子的行为，就要依次做到上述几项。

原文

子曰：“君子周①而不比②，小人比而不周。”

——为政篇第二（2・14）

注解：① 周：团结，合群。② 比（bì）：勾结。

今译

孔子说：“君子合群而不与人勾结，小人与人勾结而不合群。”

释义

君子与小人的区别之一，就是君子胸怀宽广，与众人和谐相处；小人结党营私。

原文

子曰："君子和而不同[①]，小人同而不和。"

——子路篇第十三（13·23）

注解：① 和而不同：和，不同的东西和谐地配合。同，相同的东西混同。

今译

孔子说："君子讲求和谐而不混同，小人相互混同而不讲求和谐。"

释义

君子为了大家的利益而与周围的人保持和谐融洽的关系，但绝不人云亦云，盲目附和，这就是"和而不同"；小人为了自身的利益而放弃原则，与别人保持一致，这就是"同而不和"。"和"的目标指向公利，"同"的目标指向私利。

原文

子曰："君子泰而不骄，小人骄而不泰。"

——子路篇第十三（13·26）

今译

孔子说："君子安静坦然而不傲慢无礼，小人傲慢无礼而不安静坦然。"

释义

君子无私心，所以"泰而不骄"；小人逞私欲，所以"骄而不泰"。

原文

子曰："君子坦荡荡，小人长戚戚[1]。"

——**述而篇第七**(7·37)

注解：① 戚戚：忧愁、烦恼的样子。

今译

孔子说："君子心胸宽广，小人总是忧愁的样子。"

释义

君子心底无私天地宽，小人与此相反。

原文

子夏曰："君子有三变：望之俨然[1]，即[2]之也温，听其言也厉。"

——**子张篇第十九**(19·9)

注解：① 俨然：庄重的样子。② 即：就近，接近。

今译

子夏说："君子有三种变化：远看他是庄严的样子，接近他又温和可亲，听他说话语言严厉不苟。"

释义

君子为何有三种变化？是接近他的人的角度不同，感受也就不一样。其实，君子本身并没有发生变化。

原文

孔子曰："侍于君子有三愆[①]：言未及之而言谓之躁，言及之而不言谓之隐，未见颜色而言谓之瞽[②]。"

——季氏篇第十六（16·6）

注解：① 愆（qiān）：过失。② 瞽（gǔ）：眼瞎。

今译

孔子说："侍奉在君子旁边陪他说话，要注意避免犯三种过失：还没有问到你的时候就说话，这是急躁；已经问到你的时候你却不说，这叫隐瞒；不看君子的脸色就说话，这是盲目。"

释义

讲怎样待君子，也就是讲如何以君子之道待人。

原文

孔子曰："君子有三戒：少之时，血气未定，戒之在色；及其壮也，血气方刚，戒之在斗；及其老也，血气既衰，戒之在得。"

——季氏篇第十六（16・7）

今译

孔子说："君子有三项禁戒：年少的时候，血气还不成熟，要禁戒对女色的迷恋；等到身体成熟了，血气方刚，要禁戒与人争斗；等到老年，血气已经衰弱了，要禁戒贪得无厌。"

释义

孔子强调君子有"三戒"，就是强调通过自身修养，不断制约人的自然属性。"三戒"是对人的不同年龄阶段的突出的自然属性而言，具有很强的针对性。

原文

孔子曰："君子有九思：视思明，听思聪，色思温，貌思恭，言思忠，事思敬，疑思问，忿思难，见得思义。"

——季氏篇第十六（16・10）

今译

孔子说："君子有九种要思考的事：看时要思考看清与否，

听时要思考听清与否，对自己的脸色要思考是否温和，对自己的容貌要思考是否谦恭，言谈时要思考是否忠诚，办事时要思考是否认真，遇到疑问要思考怎么询问，愤怒时要思考是否有后患，看到收益时要思考是否正当。”

释义

一个人对自己的所见、所听、所言、所做、所疑、所怒、所得及示人的脸色、容貌，如果都能及时反省，那么这个人一定是一位君子了。

原文

在陈绝粮①，从者病②，莫能兴③。子路愠见曰：“君子亦有穷④乎？”子曰：“君子固穷⑤，小人穷斯滥⑥矣。”

——卫灵公篇第十五（15·2）

注解：① 在陈绝粮：鲁哀公四年(公元前491年)，孔子辗转来到陈国、蔡国的边境，正好遇上吴国与陈国交战，秩序混乱，所以断绝了粮食。② 病：这里指饿坏了。③ 兴：起，起床。④ 穷：穷困。⑤ 固穷：固守穷困。⑥ 滥：无节制，行为胡乱。

今译

孔子一行在陈国断了粮食，跟随孔子的人饿得起不了床。子路满脸愠怒来见孔子，说道：“君子也有穷困的时候吗？”孔子说：“君子坚守穷困，小人一遇穷困就无所不为了。”

释义

坚守,在困厄中坚守,不动摇,更不乱动。这就是君子的高贵品性。

原文

子曰:“君子疾没世[①]而名不称焉。”

——卫灵公篇第十五(15·20)

注解:① 疾没世:疾,怕,遗恨。没,通“殁”,死。

今译

孔子说:“君子担心死去后他的名字不被人们称道。”

释义

“没世”而“名称”,就是所谓“名垂青史”。什么样的人才可“名垂青史”?那些对社会做出大贡献的人,那些为人类的幸福做出大贡献的人。君子追求“没世”而“名称”,就是追求贡献社会,贡献人类。

原文

子曰:“君子求诸己,小人求诸人。”

——卫灵公篇第十五(15·21)

今译

孔子说："君子责求自己，小人责求别人。"

释义

君子对己严待人宽，小人责人严对己宽。

原文

子曰："君子不以言举人，不以人废言。"

——卫灵公篇第十五(15・23)

今译

孔子说："君子不凭一个人说的话来举荐他，也不因为一个人不好而废弃他有价值的话。"

释义

德才与言谈未必等同。一个说出好"言"之人，未必就是一个有德有才之人，所以不能"以言举人"。同样，有的人虽然德行不怎么样，但他的言论未必没有价值，所以不能"以人废言"。

原文

子夏曰："虽小道，必有可观者焉；致远恐泥①，是以君子不为也。"

——子张篇第十九(19・4)

注解：① 泥：阻滞，妨碍。

今译

子夏说："虽然是小的技艺，也一定有可取的地方，但因为担心它妨碍大事业，所以君子不去做。"

释义

做大事业的人，不会在小处满足。

原文

子曰："君子不器[①]。"

——为政篇第二（2·12）

注解：① 器：器具。

今译

孔子说："君子不做器具。"

释义

凡器具都有用处，且多为某一方面专用。"君子不器"，讲的是君子不应当成为某一方面的专用之材，君子也不应当是某几个方面的通用之才。君子应当具有更高远的目标，应当是道德楷模，是用仁德感化人、教化人的人，而不是具有某种特殊用途的"器"。

原文

子曰："富与贵[①]，是人之所欲也；不以其道得之，不处[②]也。贫与贱，是人之所恶也；不以其道得之，不去也。君子去仁，恶乎[③]成名？君子无终食之间违仁，造次[④]必于是，颠沛[⑤]必于是。"

——**里仁篇第四**（4・5）

注解：① 富与贵：财富与地位。② 处：居，占有。③ 恶（wū）乎：凭什么。恶，同"乌"，何。乎，于。④ 造次：仓促，匆忙。⑤ 颠沛：困顿狼狈。

今译

孔子说："富有和显贵是人人都想要的，但不用正当的方法得到它，就不接受；贫穷与低贱是人人都厌恶的，但不用正当的方法去摆脱它，就不摆脱。君子如果离开了仁德，又怎么成就君子的美名呢？君子没有一顿饭的时间是背离仁德的，紧迫匆忙中也一定按仁德处事，在困顿流离中也一定按仁德处事。"

释义

君子所以为君子，就是一刻也不离仁德。仁德是君子之本。

原文

子曰："君子怀[①]德，小人怀土[②]；君子怀刑[③]，小人怀惠。”

——**里仁篇第四**(4·11)

注解：① 怀：思念。② 土：乡土。③ 刑：刑罚。

今译

孔子说：“君子思念的是道德，小人思念的是乡土；君子想的是法制，小人想的是恩惠。”

释义

君子胸怀远大，考虑的是国家和社会的事情，而小人则只知道思恋乡土和小恩小惠。

原文

子张问孔子曰：“何如斯可以从政矣？”

子曰：“尊五美，屏①四恶，斯可以从政矣。”

子张曰：“何谓五美？”

子曰：“君子惠而不费，劳而不怨，欲而不贪，泰而不骄，威而不猛。”

子张曰：“何谓惠而不费？”

子曰：“因民之所利而利之，斯不亦惠而不费乎？择可劳而劳之，又谁怨？欲仁而得仁，又焉贪？君子无众寡，无大小，无敢慢，斯不亦泰而不骄乎？君子正其衣冠，尊其瞻视，俨然人望而畏之，斯不亦威而不猛乎？”

子张曰：“何谓四恶？”

子曰：“不教而杀谓之虐；不戒视成谓之暴；慢令致期谓之贼；犹之与人也，出纳之吝谓之有司[②]。”

——尧曰篇第二十（20·2）

注解：① 屏：摒弃、排除。② 有司：负责一般事务的官员，此处指没有气派，小气。

今译

子张向孔子请教：“怎样能够治理政事呢？”

孔子说：“尊重五种美德，排除四种恶政，这样就可以治理政事了。”

子张问：“五种美德是什么？”

孔子说：“君子要给百姓恩惠，却没有耗费；使百姓劳作而不引起他们怨恨；引导百姓的欲望而不至于贪婪；庄重而不傲慢；威严而不凶猛。”

子张说：“怎样叫要给百姓恩惠却没有耗费呢？”

孔子说：“顺着百姓们求利的意愿，让他们做有利的事，这不就是给百姓恩惠，却没有耗费吗？选择可以让百姓劳作的时间和事情让百姓去劳作，谁又会怨恨呢？自己要追求仁德便得到了仁，又还有什么可贪的呢？君子待人无论人多人少，无论势力大势力小，都不怠慢，这不就是庄重而不傲慢吗？君子把衣冠穿戴得整齐，目光郑重威严，庄严得使人见了就生敬畏之心，这不也是威严而不凶猛吗？”

子张问：“什么叫四种恶政呢？”孔子说：“不经教化便加以杀戮叫做虐；没有告诫，等做成了坏事就去惩罚叫做暴；不加监督而突然限期叫做贼；同样是给人财物，却出手吝啬，叫做小气。”

释义

君子怎样为政治民？孔子讲了“尊五美，屏四恶”，含有丰富的“民本”思想，如“因民之所利而利之”“择可劳而劳之”，反对“不教而杀”“不戒视成”的暴虐政治。

原文

子华使于齐，冉子为其母请粟①。子曰：“与之釜②。”请益。曰：“与之庾③。”冉子与之粟五秉④。子曰：“赤之适齐也，乘肥马，衣轻裘。吾闻之也：君子周⑤急不继⑥富。”

——雍也篇第六(6·4)

注解：① 粟：小米。② 釜(fǔ)：古代容量单位。一釜约等于六斗四升。③ 庾(yǔ)：古代容量单位。一庾等于二斗四升。④ 秉：古代容量单位。一秉等于十六斛(一斛为十斗)。⑤ 周：周济、救济。⑥ 继：接济，增益。

今译

子华出使齐国，冉求替他的母亲向孔子请求补助粟米。孔子说：“给她六斗四升。”冉求请求再增加一些。孔子说：“再给她二斗四升。”冉求却给她八十斛。孔子说：“公西赤到齐国去，乘坐着肥马驾的车子，穿着又暖和又轻便的皮袍。我听说过，君子周济急需救济的人，而不增益富人的财富。”

释义

救济应当是以有余补不足，而不是补有余。

原文

曾子曰："可以托六尺之孤[1]，可以寄百里之命[2]，临大节而不可夺[3]也，君子人与？君子人也！"

——**泰伯篇第八**（8·6）

注解：① 托六尺之孤：孤，少年丧父。六尺，十五岁以下的孩子。古人以七尺指成年。② 命：国家政权和命运。③ 夺：改变。

今译

曾子说："可以把年幼的君主托付给他，可以把国家的政权托付给他，面临生死存亡的紧急关头而不动摇。这样的人是君子吗？是君子啊！"

释义

君子堪当大任，尤其是在危难时候。

原文

子曰："直哉史鱼[1]！邦有道，如矢[2]；邦无道，如矢。君子哉蘧伯玉！邦有道，则仕；邦无道，则可卷而怀之[3]。"

——**卫灵公篇第十五**（15·7）

注解：① 史鱼：卫国大夫，名鳍，字子鱼，他多次向卫灵公推荐蘧伯玉，但均未被卫灵公采纳。临终前，他叮嘱儿子以不给他办丧事的方式再次向卫灵公劝谏，终于达到了目的。他的行为称为“尸谏”：“生以身谏，死以尸谏。”② 如矢：矢，箭，形容直。③ 卷而怀之：卷起来藏在怀里。

今译

孔子说：“史鱼真是正直啊！国家政治清明时，他的言行像箭一样直；国家政治混乱时，他的言行也像箭一样直。蘧伯玉也真是一位君子啊！国家政治清明时就出来做官，国家政治混乱时就把自己的主张收藏在心里。”

释义

孔子说史鱼“直”，说蘧伯玉是“君子”。可见，他更称赞蘧伯玉。为什么？在孔子看来，蘧伯玉有生存智慧。

中国历史上多有黑暗无道的时候，这时保存自己的生命是很重要的。孔子不主张随便就把自己的生命献出去，而是要保存生命，以图将来发挥更大的作用。

原文

子贡曰：“君子亦有恶[①]乎？”子曰：“有恶。恶称人之恶者，恶居下流而讪[②]上者，恶勇而无礼者，恶果敢而窒[③]者。”

曰：“赐也亦有恶乎？”“恶徼[④]以为知者，恶不孙[⑤]以为勇者，恶讦[⑥]以为直者。”

——阳货篇第十七（17·24）

注解：① 恶（wù）：厌恶。② 讪（shàn）：诽谤。③ 窒：阻塞。这里指不通事理，顽固。④ 徼（jiǎo）：窃取，抄袭。⑤ 孙：同“逊”。⑥ 讦（jié）：攻击别人短处，揭发别人隐私。

今译

子贡向老师请教说：“君子也有厌恶的事吗？”孔子说：“有厌恶的事。厌恶宣扬别人坏处的人，厌恶身居下位而诽谤在上位的人，厌恶勇武而不懂礼节的人，厌恶果敢而不通事理的人。”

孔子又说：“赐，你也有厌恶的事吗？”子贡说：“厌恶剽窃别人的智慧作为自己智慧的人，厌恶把不谦虚当作勇敢的人，厌恶攻击别人短处、揭发别人隐私而自以为直率的人。”

释义

君子行仁，似乎什么都能包容。所以子贡向教师请教君子有没有憎恶的问题，其实是问该不该有憎恶。孔子明确回答，君子应当憎恶不仁的行为。师徒对话中列举的行为，都是君子应当憎恶的。

原文

子曰：“君子成人之美，不成人之恶；小人反是。”

——颜渊篇第十二（12 • 16）

今译

孔子说:“君子成就他人的好事,不成就他人的坏事。小人与此相反。”

释义

“成人之美”就是想方设法地帮助他人实现美好的愿望,自己好,也乐于别人好,自己有才能,也乐意别人具有才能。“成人之美”无疑是一种很高的道德要求。如果大家都只希望自己处处比别人强,而不愿意别人赶上或超过自己,我们的社会恐怕也无法真正地进步。如果一下子做不到“成人之美”,那么,首先应该做到“不成人之恶”,这是为人的一个底线。

原文

君子敬而无失,与人恭而有礼;四海之内皆兄弟也。君子何患乎无兄弟也?

——颜渊篇第十二(12·5)

今译

君子对待工作严肃认真,没有失误,对待别人词色恭谨,合乎礼节。天下之大,到处都是好兄弟。君子怎么会担心没有好兄弟呢?

释义

司马牛问为什么别人都有好兄弟而自己却没有,子夏用这段话回答了他。

“四海之内皆兄弟”，这是一种美好的愿望。但要实现这种愿望，就要做到“敬而无失，与人恭而有礼”。

原文

子贡曰：“君子之过也，如日月之食焉。过也，人皆见之；更[①]也，人皆仰之。”

——**子张篇第十九**（19·21）

注解：① 更：改变。

今译

子贡说：“君子的过错好比日食、月食。他犯过错，人们都看得见；他改正过错，人们都仰望着他。”

释义

君子勇于改过。

原文

子夏曰：“小人之过也必文[①]。”

——**子张篇第十九**（19·8）

注解：① 文：文饰，掩饰。

今译

子夏说："小人犯了过错必定掩饰。"

释义

掩饰过错，恐怕是每个人都经历过的事。但那些正确对待过错并勇于改错的人会逐步成长为"君子"；那些不敢正视过错，而总是去掩饰过错的人，就难以进步，只能是"小人"。

原文

陈子禽谓子贡曰："子为恭也，仲尼岂贤于子乎？"

子贡曰："君子一言以为知，一言以为不知，言不可不慎也。夫子之不可及也，犹天之不可阶而升也。夫子之得邦家者，所谓立之斯立，道之斯行，绥[1]之斯来，动之斯和。其生也荣，其死也哀，如之何其可及也？"

——子张篇第十九（19・25）

注解：① 绥（suí）：安抚。

今译

陈子禽对子贡说："你是谦恭了，仲尼怎么能比你更贤良呢？"

子贡说："君子的一句话就可以表现他的智慧，一句话也可以表现他没有智慧，说话不可以不慎重。我们老师高不可及，就像天不能够顺着阶梯爬上去一样。我们老师如果能做诸侯或卿大夫，那就会像人们说的那样，要建立什么就能建立什么；要引导百姓，百姓就会前行；要安抚百姓，百姓就会归顺；动员百姓做事，百姓就会齐心协力。我们的老师活着时誉满天下，死后备受哀悼。我怎么能赶得上他呢？”

释义

子贡不容他人贬低自己的老师。他说得真实、诚恳，掷地有声。

第八单元

圣　　士

“圣”是人的最高境界。孔子的心中，尧、舜、禹、文王、武王、周公是圣人，很少有人能及。

“仁”是次于“圣”的境界。仁人还可以有明显的弱点，如管仲。

“君子”是仁人的化身。“士”与“君子”常常可以相提并论，所以叫“士君子”。

在《论语》中，进身之阶大体为“士”——→“君子”——→“仁人”——→“圣人”。

原文

子贡曰："如有博施[①]于民而能济众，何如？可谓仁乎？"

子曰："何事于仁！必也圣乎！尧舜[②]其犹病[③]诸！夫仁者，己欲立而立人，己欲达而达人。能近取譬[④]，可谓仁之方也已。"

——**雍也篇第六**（6·30）

注解：① 博施：广泛地施恩。② 尧舜：传说中上古时代的两位贤君。③ 病：忧虑，为难。④ 近取譬：近，指自身周围；譬，事例。

今译

子贡说："假如君主广泛地向百姓施恩惠，并且能赈济大众，怎么样啊？可以称得上仁吗？"

孔子说："何止是仁啊，一定是圣了。尧、舜这样的贤君要做到这些，大概还会感到为难。至于仁，就是自己要有所建树，也要使别人有所建树；自己要人生顺达，也要使别人人生顺达。能从自己身边找到事例（去帮助别人），就是实施仁的方法了。"

释义

怎样才能做到"仁"？孔子给出的答案是："己欲立而立人，己欲达而达人。"这是一种将心比心的待人态度：自己要想有所建树，也要想办法使别人有所建树；希望自己将来有前途，也要尽力地帮助别人更好地发展。

孔子的话是有很强的针对性的。在孔子弟子中,子贡是个人发展得很好的一位。所以,孔子也希望子贡尽可能地帮助别人。

如果能从“己欲立而立人,己欲达而达人”更进一层,达到“博施于民而能济众”,就是圣人了。但圣人难及,连尧舜都感到为难啊。

原文

子曰:“圣人,吾不得而见之矣;得见君子者,斯可矣。”

子曰:“善人,吾不得而见之矣;得见有恒者[①],斯可矣。亡而为有,虚而为盈,约而为泰[②],难乎有恒矣。”

——述而篇第七(7·26)

注解:① 有恒者:一直坚守节操的人。② 泰:奢华。

今译

孔子说:“圣人,我是不能看见了;能看见君子,就可以了。”

孔子说:“完善的人,我是不能看见了,能看见有操守的人,就可以了。本来没有,却装作有;本来空虚,却装作充足;本来穷困,却要奢华,这样的人便难保持操守了。”

释义

“恒者”与“君子”是孔子倡导每个人都应当去达到的人生境界。但孔子对“善人”“圣人”的诞生似乎没有信心。确实,人无完人,“善人”“圣人”少之又少。孔子在这里是强调修身之难,不可自满。

原文

子曰："若圣与仁，则吾岂敢？抑为之[①]不厌，诲人不倦，则可谓云尔[②]已矣。"公西华曰："正唯弟子不能学也。"

——述而篇第七（7·34）

注解：① 抑为之：抑，表示假设。之，代前文的"圣与仁"。② 云尔：而已。

今译

孔子说："如果说到圣与仁，那我怎么敢当！假如说努力追求圣与仁不满足，教诲别人不厌倦，那是可以这样说的。"公西华说："这正是我们学不到的。"

释义

永不停止追圣求仁的步伐，孔子终成为圣人。

原文

太宰[①]问于子贡曰："夫子圣者与？何其多能也？"子贡曰："固天纵之将圣，又多能也。"

子闻之，曰："太宰知我乎！吾少也贱，故多能鄙事。

君子多乎哉？不多也。”

——子罕篇第九（9・6）

注解：① 太宰：官名。

今译

太宰向子贡问道："孔老先生是位圣人吗？为什么这样多才多艺呢？"子贡说："这本是上天让他成为圣人，又使他多才多艺。"

孔子听到，便说："太宰知道我呀！我小时候贫贱，所以学会了不少鄙贱的技艺。君子会有这么多的技艺吗？是不会的。"

释义

这可以同《为政》篇里孔子的话"君子不器"连在一起讲。孔子认为君子不应当是某一方面的专用之才，君子也不应当是某几个方面的通用之才。君子应当具有更高远的目标，应当是道德楷模，是用仁德感化人、教化人的人，而不是具有某种特殊用途的"器"。所以，在这里他又强调，真正的君子不会掌握那么多技巧的。

从太宰与子贡的对话中可知，太宰比子贡更了解孔子。圣人是不需要那样多才多艺的。仅多才多艺终究只是"器"，不是君子，更不是圣人。

原文

子贡问曰："何如斯可谓之士矣？"子曰："行己有耻，使于四方，不辱君命，可谓士矣。"

曰："敢问其次。"曰："宗族称孝焉，乡党称弟焉。"

曰："敢问其次。"曰："言必信，行必果，硁硁然[①]小人哉！——抑亦可以为次矣。"

曰："今之从政者何如？"子曰："噫！斗筲之人[②]，何足算也？"

——**子路篇第十三**（13·20）

注解：① 硁硁（kēng）然：小石头坚固的样子。这里比喻行为固执。② 斗筲（shāo）之人：斗是古代的量器，一斗为十升。筲，古代的饭筐，能容五升。斗筲，譬喻度量和见识的狭小。

今译

子贡向老师请教："怎样才可以叫做'士'？"孔子说："对自己行为保有羞耻之心，出使外国很好地完成君主的使命，可以叫做'士'了。"

子贡又问："请问次一等的。"孔子说："宗族称赞他孝顺父母，乡里称赞他恭敬尊长。"

子贡再问："请问再次一等的。"孔子说："言语一定信实，行为一定坚决，这是不问是非黑白而只管自己贯彻言行的小人呀，但也可以说是再次一等的'士'了。"

子贡再问："现在的执政诸公怎么样？"孔子说："咳！这班器识狭小的人算什么？"

释义

孔子观念中的"士"，首先是有知耻之心、不辱君命的人，能够担负起国家使命；次一等的是因为懂孝知礼受宗族乡里称赞的人；再次一等的是诚实守信的人。

原文

子路问曰："何如斯可谓之士矣?"

子曰："切切偲偲①,怡怡如②也,可谓士矣。朋友切切偲偲,兄弟怡怡。"

——子路篇第十三(13·28)

注解:① 切切偲偲(sī):互相切磋、勉励。② 怡怡如:和顺的样子。如,……的样子。

今译

子路向老师请教:"怎么样才可以叫做'士'了呢?"孔子说:"互相切磋、勉励,和睦共处,可以叫做'士'了。朋友之间,互相切磋、勉励;兄弟之间,和睦共处。"

释义

同样是回答怎样叫做"士"的问题,孔子给子贡与子路的回答很不相同。这又看出孔子的因材施教。子贡是外交家,当然要教诲他"不辱使命"。子路是勇者,做事刚直。所以孔子教诲他与朋友兄弟好好相处。

原文

子曰:"士志于道,而耻①恶衣恶食者,未足与议也。"

——里仁篇第四(4·9)

注解：① 耻：以……为耻。

今译

孔子说："士人有志于学习、践行大道，却又以穿粗衣、吃糙饭为羞耻，（这种人）是不值得与他谈论道的。"

释义

在孔子的时代，践行儒家大道的人未必能享高官厚禄，因此"志于道"，就很可能生活上要受苦。如果口头说自己有大志向，实际上却连吃粗劣的饭菜、穿粗劣的衣服都感到羞耻，是不可能真正去践行大道的。孔子鄙视这样的人！

将这句放在更广阔的生活中来看，也是很有概括性的。自古以来，做大学问，做大事业，探求真理，有谁不是从磨砺中走来？如果连吃粗劣的饭菜、穿粗劣的衣服都不能忍受，还能忍受得了求索过程的漫漫长夜吗？忍受得了探求途中的寂寞、孤独吗？

原文

曾子曰："士不可以不弘毅，任重而道远。仁以为己任，不亦重乎？死而后已，不亦远乎？"

——**泰伯篇第八**（8·7）

今译

曾子说："士人不可以不心胸广阔，意志坚定，因为他们责任重大，道路遥远。把实现'仁'看作自己终生的追求，不是重大的责任吗？承担这样的重担，到死才停止，这不是路途遥远吗？”

释义

强调“仁以为己任”的艰难性。这需要宽宏坚毅的品格，需要至死不渝的操守。这里的“任”与“道”不是一般意义上的任务与路途，而是指一生的重任，一辈子对“仁”的追求与践行。几千年来，曾子的话一直激励着读书人前行，已成为中国读书人（知识分子）对自我生命的重要承诺。

原文

子曰：“士而怀居①，不足以为士矣。”

——**宪问篇第十四**（14 · 2）

注解：① 怀居：怀，怀思，留恋；居，安居。

今译

孔子说：“士人留恋安逸，便不配做士人了。”

释义

士人“仁以为己任”，怎么能“怀居”呢？

原文

子张曰：“士见危致命，见得思义，祭思敬，丧思哀，其可已矣。”

——子张篇第十九（19·1）

今译

子张说：“士人看见危险献出生命，看见有所得便考虑是否符合道义，祭祀时考虑严肃恭敬，居丧时考虑悲痛哀伤，那也就可以了。”

释义

这是一位士人应当遵循的“四项基本原则”。

原文

子张问：“士何如斯[①]可谓之达[②]矣？”

子曰：“何哉，尔所谓达者？”

子张对曰：“在邦必闻，在家必闻。”

子曰：“是闻也，非达也。夫达也者，质直而好义，察言而观色，虑以下人[③]。在邦必达，在家必达。夫闻也者，色取仁而行违，居之不疑。在邦必闻，在家必闻。”

——颜渊篇第十二（12·20）

注解：① 何如斯：怎么样。② 达：通达。③ 下人：低于别人，不如别人。下，低。

今译

子张向老师请教:“士人怎样才可以叫做通达了?”

孔子问:“你说的通达是什么意思?”

子张答道:“在国家必定有声名,在家族中必定有声名。”

孔子说:“这是声名,不是通达。所谓通达,是品质正直,好行义事,洞察别人的话语,观望别人的神色,对照思考自己不如别人的地方。这样的人,在国家必然通达,在家族里必然通达。至于那些有声名的人,只是外表装出仁的样子,而行动上却违背仁,自己还以仁人自居而不疑惑。但他在国家一定有声名,在家族中一定有声名。”

释义

如何才是“达”? 用怎样的方式才能抵达“达”? 对“达”有正确的认识,才会有正确的行为。这正确的行为就是“义”——“质直而好义,察言而观色,虑以下人”。这其实就是修身。身修好了,有了高格,有了高致,自然就有了声名。这就是“通达”。

“达”与“闻”是完全不同的两个概念。“闻”是外显的声名。如果以声名为目的去行事,那就只能“色取仁而行违”,离“达”日远了。所以宋代理学家程颐说:“学者须是务实,不要近名。有意近名,大本已失。更学何事? 为名而学,则是伪也。今之学者,大抵为名。为名与为利虽清浊不同,然其利心则一也。”用不该有的行为去追名逐利,都是不义的行为。

第九单元

其　　他

《论语》涉及内容广博，前面八个单元的主题远不能概括它。因此，本单元选取的，是那些不适合进入前面单元，但又是同学们在现阶段学习中需要了解的最基本的内容。

原文

子曰："述而不作①，信而好古，窃②比于我老彭③。"

——述而篇第七（7·1）

注解：① 述而不作：述，传述，阐述。作，创造。② 窃：私，私自，私下。③ 老彭：人名，但究竟指谁，学术界说法不一。有的说是殷商时代一位"好述古事"的"贤大夫"，有的说是老子和彭祖两个人，有的说是殷商时代的彭祖。

今译

孔子说："阐述而不创作，相信并喜爱古代文献，我私下和老彭相比。"

释义

老彭是谁不重要，重要的是对"述而不作"的理解。孔子重周礼，说"郁郁乎文哉"，非常自觉地护卫和承传。但事实是孔子"述而又作"。"述"者，《诗》《书》《礼》《乐》《易》；"作"者，《春秋》。述者"礼"也，"作"者"仁"也。同时还要看到，孔子的"述"不是一般意义上的阐述，而是为中华文明确立方向性的阐述，因此"述"本身也具有"作"的意义。

"述而不作"，是孔子的谦逊之词。

原文

子曰："甚矣吾衰也！久矣吾不复梦见周公[①]！"

——述而篇第七(7·5)

注解：① 周公：周文王的儿子，周武王的弟弟，周成王的叔父，鲁国国君的始祖。姓姬名旦，封地为周，爵位为公，所以称周公旦。传说是西周典章制度的制定者，他是孔子所崇拜的"圣人"之一。

今译

孔子说："我衰老得很厉害了，我好久没有梦见周公了。"

释义

现在我们常用"梦周公"来指称睡觉，这是我们把古人的话用浅了。孔子一生志在恢复周公所开创的礼乐文化，但终其一生也没有成功。时至暮年，不由地为梦想不能实现而喟然长叹，表达了壮志未酬的遗憾和不甘。

原文

子畏于匡[①]，曰："文王既没[②]，文不在兹[③]乎？天之将丧斯文也，后死者[④]不得与于斯文也；天之未丧斯文也，匡人其如予何？"

——子罕篇第九(9·5)

注解：① 畏于匡：公元前496年，孔子周游列国，从卫国到陈国去经过匡地。匡人曾受到鲁国阳虎的掠夺和残杀。孔子的相貌与阳虎相像，匡人误以孔子就是阳虎，所以将他围困。畏，拘囚。② 文王：周文王，姓姬名昌，西周开国之君周武王的父亲，是孔子认为的古代圣贤之一。③ 兹：这，指孔子自己。④ 后死者：指孔子自己。

今译

孔子被匡地人拘禁，便说："周文王死了以后，周代的礼乐文化不都体现在我的身上吗？上天如果想要消灭这种文化，那我就不可能掌握这种文化了；上天如果不消灭这种文化，那么匡人又能把我怎么样呢？"

释义

孔子有他的逻辑。上天不灭周文化，所以周文化传递到了自己身上。既然如此，匡人是不可能对自己怎么样的。这是一种文化自觉，是一种文化自信。这也是一种"知天命""畏天命""敬天命"。

原文

颜渊死，子曰："噫！天丧予！天丧予！"

——先进篇第十一（11·9）

今译

颜渊死了，孔子说："唉！天灭我呀！天灭我呀！"

释义

颜回死了，孔子为什么说"天丧予"？除了对一个年轻生命逝去的无限悲痛外，还因为颜回是孔子最得意的弟子。孔子认为只有颜回才是他的继任者，才是能将他的思想文化传递下去的接班人。颜回一死，他担心自己的思想文化没有人能承继下去。

孔子的担心对吗？

原文

颜渊死，子哭之恸[①]。从者曰："子恸矣！"曰："有恸乎？非夫人之为恸而谁为！"

——先进篇第十一（11·10）

注解：① 恸（tòng）：极度哀痛、悲伤。

今译

颜渊死了，孔子哭得很悲伤。跟着孔子的人说："您太伤心了！"孔子说："真的太伤心了吗？我不为这样的人伤心，还为什么人伤心呢！"

释义

以上两节记孔子之"噫"、孔子之"恸"。在《论语》中，如此大动情感的情况再没有了。孔子在评说《诗·关雎》时曾说："乐而不淫，哀而不伤。"他是一个讲"中和""中庸""折中"的人，颜回之死竟让我们看到了他的哀而伤，可见他对颜回的爱是非常深的。

原文

颜渊死，颜路[①]请子之车以为之椁。子曰："才不才，亦各言其子也。鲤[②]也死，有棺而无椁[③]。吾不徒行以为之椁。以吾从大夫之后[④]，不可徒行也。"

——先进篇第十一（11·8）

注解：① 颜路：颜渊的父亲，名无繇，字路，也是孔子的学生。② 鲤：孔子的儿子，字伯鱼，死时五十岁，当年孔子七十岁。③ 椁(guǒ)：外棺为椁。④ 从大夫之后：跟随在大夫们的后面，意即当过大夫。孔子在鲁国曾任司寇，是大夫一级的官员。

今译

颜渊死了，他的父亲颜路请求孔子卖掉车子，给颜渊买个外椁。孔子说："虽然颜渊和鲤一个有才一个无才，但各自都是自己的儿子。孔鲤死的时候，也是有棺无椁。我没有卖掉自己的车子步行而给他买椁。因为我曾当过大夫，是不可以步行的。"

释义

孔子尽管十分悲痛，却不愿意卖掉车子为颜回买椁。一个理由是他自己的儿子孔鲤死时也没有卖车为他买椁；一个理由是他曾经担任过大夫一级的官员，而大夫必须有自己的车子，不能步行，否则就违背了礼的规定。

孔子曾讲“君子无终食间违仁”，而遵“礼”是仁的表现。如果孔子一激动，卖了车为颜回买椁，那就是违“礼”，也就是违“仁”。

圣人不庸行。一个人修炼到了圣的程度，他的行为就会合乎圣人的气度。如果违“仁”，就变成了庸常人。

原文

子见齐衰[①]者、冕衣裳者与瞽者[②]，见之，虽少，必作[③]；过之，必趋[④]。

——子罕篇第九（9·10）

注解：① 齐衰（zī cuī）：古时用麻布制成的丧服。② 冕衣裳者与瞽者：冕衣裳者，穿礼服的人。瞽者，盲人。③ 作：站起来，表示敬意。④ 趋：小步快走，表示恭敬。

今译

孔子看到穿丧服的人、穿礼服的人和盲人，见面时即使他们年纪小，也一定要起立；如果从他们面前经过，也一定小步快走。

释义

孔子为何如此？因为他对这三种人怀有尊敬或同情，这正是他“怀仁守礼”的具体体现，正是圣人气象。

原文

颜渊喟然叹曰："仰之弥高，钻之弥坚，瞻之在前，忽焉在后！夫子循循然[①]善诱人：博我以文，约我以礼，欲罢不能。既竭我才，如有所立卓尔；虽欲从之，末由[②]也已！"

——子罕篇第九（9·11）

注解：① 循循然：一步一步有次序地。② 末由：末，没有。由，途径。

今译

颜渊长叹说："抬头仰望老师的道，越望越觉得高大雄伟；努力钻研，越钻研越觉得深厚。看着好像在前面，突然又觉得在后面。老师特别能一步一步诱导人，用文化来丰富我，用礼仪来约束我，使我想停止学习也做不到。但是我已竭尽了我的才能也没有能达到那个高度，总好像有一个非常高大的东西立在前面，虽然我想攀登上去，却没有找到途径。"

释义

这几句是颜回向老师学习时发出的感叹。颜回是多么想达到老师的境界啊！同学们要特别注意的是，颜回是体验到了老师的高境界，并由衷地景仰老师的这种境界，所以他才有一种因不能达到这种境界而着急、而苦恼的感叹。

原文

德行：颜渊、闵子骞、冉伯牛、仲弓[①]。言语：宰我、子贡。政事：冉有、季路。文学[②]：子游、子夏。

——**先进篇第十一**(11·3)

注解：① 闵子骞、冉伯牛、仲弓：闵子骞，名损，子骞是他的字，孔子的弟子，鲁国人。冉伯牛，名耕，伯牛是他的字，孔子的弟子，鲁国人。仲弓，名雍，仲弓是他的字，孔子的弟子，鲁国人。② 文学：指古代文献，即孔子所传的《诗》《书》《礼》《乐》《易》《春秋》等。

今译

德行好的有：颜渊、闵子骞、冉伯牛、仲弓。善于辞令的有：宰我、子贡。有治理政事才能的有：冉有、季路。通晓古代文献的有：子游、子夏。

释义

据《史记》载，孔子弟子“盖三千焉，身通六艺者七十有二人”。这里提到的十人是孔子门下最杰出的十位弟子，被称作“孔门十哲”。

原文

子曰：“回也，其心三月不违仁，其余则日月至焉而已矣。”

——**雍也篇第六**(6·7)

今译

孔子说："颜回呀，内心可以长久不违反仁德，其他的学生一两天、一两个月做到一下罢了。"

释义

颜回是孔子最得意的学生，众多的弟子中，只有他可以做到较长时间不违仁。孔子不轻易许人以"仁"，他自己也不同意别人说他"仁"，因为"仁"是一个很高的人生境界。

原文

"唐棣[①]之华，偏其反而。岂不尔思，室是远而。"子曰："未之[②]思也，夫何远之有？"

——子罕篇第九(9・31)

注解：①"唐棣"四句：古诗。唐棣(dì)，又作"棠棣"，落叶灌木。华，同"花"。偏，通"翩"。反，通"翻"。第一个"而"是助词；第二个"而"通"尔"，你。室，住处。②"未之"两句：倒装句，即"未思之也，夫有何远"。

今译

"唐棣的花朵啊，翩翩地摇摆。哪里不想念你？你家住得太远了。"孔子说："这是没有真的想念，如果真的想念，有什么遥远呢？"

释义

“室是远而”是借口。做什么都是如此：只要真做，就可能做到，就如同“我欲仁，斯仁至矣”。

原文

子曰：“由之瑟奚为于丘之门[①]？”门人不敬子路。子曰：“由也升堂矣，未入于室也。”

——先进篇第十一（11·15）

注解：① 由之瑟奚为于丘之门：瑟，一种古乐器，与古琴相似。奚，为什么。为，弹。

今译

孔子说：“仲由弹瑟，为什么在我这里弹呢？”孔子的学生们因此都不尊敬子路。孔子便说：“仲由嘛，他在学业上已经登堂了，只是还没有入室罢了。”

释义

“入门”“登堂”“入室”，是孔子用来比喻学习、修行的由浅而深的三个阶段。子路已“登堂”了，也很了不起了。

孔子批评子路，是让他别骄傲；孔子保护子路，是让他更有信心。

原文

子贡问："师与商[①]也孰贤？"子曰："师也过，商也不及。"曰："然则师愈与？"子曰："过犹不及。"

——先进篇第十一（11·16）

注解：① 师与商：师，颛孙师，即子张。商，卜商，即子夏。

今译

子贡问孔子："子张和子夏二人谁更贤能呢？"孔子回答说："子张做事常常过头，子夏做事常常不足。"子贡说："这样说，那么子张好一些吗？"孔子说："做过头和做不足是一样的。"

释义

"过犹不及"，"中庸"为佳。做什么都应恰到好处。

原文

宰予[①]昼寝。子曰："朽木不可雕也，粪土之墙不可杇[②]也。于予与何诛[③]？"子曰："始吾于人也，听其言而信其行；今吾于人也，听其言而观其行。于予与改是。"

——公冶长篇第五（5·10）

注解：① 宰予：字子我，孔子弟子，特别能说会道。② 杇

(wū):同“圬”,粉刷墙壁。③ 诛:指责,谴责。

今译

宰予白天睡觉。孔子说:“腐朽的木头不能再雕刻了,泡松污秽的土墙不能再粉刷了。对于宰予这样的人还能给什么样的指责呢?”又说:“开始我对人,是听他说的话就相信他的行为,现在我对人,听他说的话之后还要观察他的行为是否一致。这是因为宰予,让我改变了观察人的方法。”

释义

孔子总结了一条观察人、评价人的重要原则:“听其言而观其行。”现实中有太多言行不一致的人,说得好听做得差也大有人在。

原文

季氏富于周公[①],而求也为之聚敛而附益之。子曰:“非吾徒也。小子鸣鼓而攻之,可也。”

——先进篇第十一(11·17)

注解:① 周公:泛指在周王朝任职的王族。

今译

季孙氏比周公还要富有,可是冉求还替他搜刮以增加他的财产。孔子说:“冉求不是我的学生了,你们可以大张旗鼓地攻击他。”

释义

季氏比周公富有，冉求竟然还要帮着季氏去敛财。冉求确实问题很大：他竟然不明白季氏富于周公是违礼，不明白"君子周急不继富"。孔子当然要开除他了。他的行为离"仁"远矣！

原文

子在川上曰："逝者如斯夫[①]！不舍[②]昼夜。"

——**子罕篇第九**（9·17）

注解：① 逝者如斯夫：逝者，流逝的时间。斯，这，指代河水。夫（fú），语气助词，在这里可译为"啊"。② 舍：停止。

今译

孔子在河边说："流逝的时光就像这河水一样啊，不分昼夜地向前流去。"

释义

什么东西流逝了？多数人都认为孔子在这里是慨叹时光的流逝，所以在加倍努力。他那句"发愤忘食，乐以忘忧，不知老之将至"可为证。但除了感慨时光的流逝，孔子是否还感慨别的什么流逝？如事业，如政治理想，是不是也随着生命的流逝一起流逝了？如果包含了这些，那么说这句话时的孔子心中，一定有很深重的感伤了。

原文

子曰："三军可夺[1]帅也，匹夫不可夺志也。"

——**子罕篇第九**(9·26)

注解：① 夺：改变。

今译

孔子说："三军的统帅可以更换，但一个普通人的志向却不能被强迫改变。"

释义

孔子在这里强调的是"匹夫之志"的坚定性。任何一个人都有自己的独立人格，任何人都无权侵犯。一个有独立人格的人，任何力量也不能使他就范。

原文

子曰："其身正，不令而行；其身不正，虽令不从。"

——**子路篇第十三**(13·6)

今译

孔子说："自身行得正，即使不发布命令，老百姓也会去干；自身行得不正，即使发布命令，老百姓也不会听从。"

释义

为官者须以身作则。

原文

子曰："岁寒，然后知松柏之后凋也。"

——子罕篇第九（9·28）

今译

孔子说："天气大寒，才知道松树和柏树是最后凋落的。"

释义

在恶劣环境中，才能真正显示具有韧性精神的意志的崇高。

原文

子曰："人无远虑，必有近忧。"

——卫灵公篇第十五（15·12）

今译

孔子说："人没有长远的考虑，一定会有眼前的忧患。"

释义

孔子告诉我们"远虑"与"近忧"的辩证关系。理想高远，为之奋斗，怎么会为眼前的小事忧虑。胸无大志，必然为眼前的小事患得患失。

原文

子曰："譬如为山，未成一篑[①]，止，吾止也。譬如平地，虽覆一篑，进，吾往也。"

——子罕篇第九（9・19）

注解：① 篑（kuì）：土筐。

今译

孔子说："例如用土堆山，只差一筐土就完成了，如果这时停下来，那是我自己要停下来的；例如在平地上堆山，虽然只倒下一筐，如果继续前进，那是我自己要前进的。"

释义

事情的进退成败实际上都在于自己。就好比用土堆山，成功了，那是因为自己能够锲而不舍地坚持下去；失败了，也是因为自己没有能够坚持，这就叫"功亏一篑"。同样，无论是学习知识，还是修养道德，都要坚持不懈，这样才能利用好外在条件，抓住有利的机遇。

孔子在这里强调的是"吾止"与"吾往"。这也是值得注意的。不管什么事情，都应当从自己身上找找原因，反省自身，这是修身上进的重要功课。

原文

子曰:"唯女子与小人为难养也,近之则不孙[1],远之则怨。"

——**阳货篇第十七**(17·25)

注解:① 不孙:行为无拘,无礼。孙,同"逊"。

今译

孔子说:"唯独女子和小人是难以相处的。亲近他们,他们就会无礼;疏远他们,他们就会怨恨。"

释义

对孔子的这句话,历来有不同的理解。我们可以认为孔子是在教导人们:要施行"中庸之道",对一般人既不要太"近",也不要太"远"。也可以认为他在教导人们:人"近"己当愈"恭",人不知而不愠;而不能像有些女子和小人那样。

原文

子曰:"《诗》三百[1],一言以蔽[2]之,曰:'思无邪[3]。'"

——**为政篇第二**(2·2)

注解:①《诗》三百:《诗》三百零五篇,三百是举其整数。② 蔽:概括。③ 思无邪:《诗·鲁颂》中的一句。

今译

孔子说："《诗》三百篇，可以用一句话来概括它，就是'思想纯正'。"

释义

据《史记》记载，孔子删订之前的《诗》有三千多首，三百零五首是孔子确立下来的。三百零五首的内容已经相当丰富了，包含爱情、家园、征战……表现了西周、春秋时期生活的方方面面，有歌颂，有揭露；有赞美，有批判。孔子用"思无邪"三个字来概括它，实在是简洁之极。

原文

子曰："中人以上，可以语[①]上也；中人以下，不可以语上也。"

——雍也篇第六(6·21)

注解：① 语：告诉，谈论。

今译

孔子说："中等智慧以上的人，可以与他谈论高深的道理；中等智慧以下的人，不可以同他谈论高深的道理。"

释义

孔子是教育家。"因材施教"，即对不同的人以不同的教

育方式施以不同的教育内容。这是他坚持的一个教育原则。人的基础有厚薄，悟性有深浅，见识有高低。作为教师，对这些都应当有清醒的认识，否则，他的教育行为是低效甚至无效的。

原文

子曰："不愤①不启，不悱②不发。举一隅③不以三隅反，则不复也。"

——**述而篇第七**（7·8）

注解：① 愤：学习时冥思苦想却得不到答案的状态。② 悱（fěi）：学习时想表达却表达不出来的状态。③ 隅：角落。

今译

孔子说："学生如果还没到冥思苦想却得不到答案的时候，我就不去诱导他；还没到想表达却表达不清楚的时候，我就不去启发他。我教给他一个方位，如果他不能由此推知其他三个方位，我就不再教他了。"

释义

从教的角度说，孔子主张启发式教学；从学的角度说，孔子十分看重学习者求知的动机和积极探究、触类旁通的主动性。

原文

曾子言曰:“鸟之将死,其鸣也哀;人之将死,其言也善。”

——**泰伯篇第八**(8・4)

今译

曾子说:“鸟将要死时,它的叫声是悲哀的;人临死时,他说的话是善意的。”

释义

这是曾子生病时对人说的话。意思是人走到生命的尽头,会反省自己的一生,回归到生命的本质,所以说出来的话往往是真心的,有着对生命的真切的感悟和体验。

原文

子曰:“不在其位,不谋其政。”

——**泰伯篇第八**(8・14)

今译

孔子说:“不在那个位置上,就不要谋划那些政务。”

释义

这里孔子强调的是“不侵官”。政事中,各种干涉政务的现象是很多的。这往往会妨碍“在其位”者谋划好政务。

原文

子贡曰：“有美玉于斯，韫椟[①]而藏诸？求善贾[②]而沽诸？”子曰：“沽之哉！沽之哉！我待贾者[③]也！”

——子罕篇第九（9・13）

注解：① 韫椟（yùn dú）：韫，收藏起来。椟，柜子。② 善贾（gǔ）：识货的商人。③ 贾者：买的人。

今译

子贡说：“有一块美玉在这里，放在柜子里藏起来呢，还是找识货的买主卖掉它呢？”孔子说：“卖掉吧，卖掉吧，我等着买主呢！”

释义

孔子希望为世所用的积极人生态度在“沽之哉！沽之哉！”的反复中表露无遗。

原文

子夏为莒父宰[①]，问政。子曰：“无欲速，无见小利。欲速则不达，见小利则大事不成。”

——子路篇第十三（13・17）

注解：① 莒父宰：莒父的地方长官。莒(jǔ)父，鲁国的一个城邑。宰，地方长官。

今译

子夏做莒父的地方长官时，向孔子请教怎样治理。孔子说："不要想着速成，不要贪图小利。想速成，反而达不到目的；贪图小利，就做不成大事。"

释义

不只是治理一方，做任何事情都不能违背规律贪求速成；要做成任何一件大事，都不能贪图眼前的小利。

原文

子曰："不得中行[①]而与[②]之，必也狂狷[③]乎？狂者进取，狷者有所不为也。"

——**子路篇第十三**(13・21)

注解：① 中行：恰到好处的言行，即符合中庸之道的言行。② 与：交往。③ 狂狷：狂，指志向高远、激进的人。狷，指洁身自好、有所不为的人。

今译

孔子说："如果找不到能行中庸之道的人与他交往，那就一定要同狂者、狷者交往。狂的人志向高远，激进有余；狷的人洁身自好，有所不为。”

释义

孔子在这里对交友作了一个排序：尽可能交“中行”者，不得已才交“狂者”或“狷者”。

原文

孔子曰：“过而不改，是谓过矣。”

——卫灵公篇第十五（15·30）

今译

孔子说：“一个人有了过错却不改正，这就是真正的过错了。”

释义

人谁不犯错呢？人都是在犯错中长大、进步的。但有的人知错就改，所以会不断进步；有的人吝惜改过，所以难有进步。

原文

子谓颜渊曰：“用之则行，舍之则藏①，惟我与尔有是夫！”子路曰：“子行三军，则谁与？”子曰：“暴虎②冯河③，死而无悔者，吾不与也。必也临事而惧④，好谋而成者也。”

——述而篇第七（7·11）

注解：① 舍之则藏：舍，舍弃，不用。藏，隐藏。② 暴虎：赤手空拳与老虎进行搏斗。③ 冯（píng）河：无船而徒步过河。④ 惧：小心谨慎。

今译

孔子对颜渊说："用我呢，我就去干；不用我，我就隐藏起来，只有我和你才能做到这样吧！"子路问孔子说："老师您如果统帅三军，那么您和谁在一起呢？"孔子说："赤手空拳和老虎搏斗，徒步涉水过河，死了都不会后悔的人，我是不会和他在一起的。我要找的一定是要遇事谨慎、善于谋划而能完成任务的人。"

释义

"暴虎冯河，死而无悔"的人，虽然视死如归，但有勇无谋，是不能成就大事的。"勇"是仁者必具的品性，但勇不是蛮干，而是"临事而惧，好谋而成"。

原文

子曰："后生可畏，焉知来者之不如今也？四十、五十而无闻焉，斯亦不足畏也已。"

——子罕篇第九（9・23）

今译

孔子说："年轻人是值得敬畏的，怎么就知道后一代不如前一代呢？如果四五十岁还默默无闻，那他就没有什么可以敬畏的了。”

释义

有两点要关注：一是后生可畏。孔子看到了年轻的意义，看到了人类的历史是一部进步史。这是了不起的观点。二是令人敬畏的人，应当是有“闻”的人。什么人有“闻”？或“立德”者，或“立功”者，或“立言”者。

原文

子曰：“有教无类①。”

——卫灵公篇第十五（15・39）

注解：① 类：区分人群。

今译

孔子说：“进行教育不区别人群。”

释义

孔子强调，教育应当面向所有人，应当没有人群的分别。

孔子之前，只有贵族才享受得到教育。孔子之时，这种局面没有多少改变。孔子创办私学，改变了学在官府的局面。他广招门徒，不分贫富贵贱、贤愚智笨。

再版后记

《中华根文化·中学生读本》(15种)2012年由复旦大学出版社首版，2014年作为复旦附中教学成果“阅读中国人　书写中国人”的教材组成部分，荣获国家级教学成果一等奖。此次上海教育出版社再版，基本保持原版模样，所做的工作主要是汇聚读者意见，对原版内容做适度删节。删节时主要考虑两点：更加突出“根文化”概念；使单元主题更集中。

我们在2010年策划出版这套图书时就认为，“中华根文化”是21世纪中华儿女走向世界，参与全球化进程的一种重要力量。今天我们更认为，“中华根文化”蕴含着中华民族的情感力、思想力、想象力、创造力、批判力等不竭的生命力。尤其是那种挺立天地之间，居仁行义的天下意识、宇宙意识与人类情怀，深度契合着困难重重的21世纪的人类社会的内在需要，已显现出了一种崭新的人类文化的光辉特质。因此，我们愿意继续为“中华根文化”的现代传译尽自己的微薄之力，让更多的读者，尤其是中学生读者，更好地认识、理解中华民族根文化的根性特征——不仅是民族文化之根，也是世界文化之根——而拥有自我生命的大觉醒、大参悟，成为真正“具有中国心的现代文明人”（于漪老师语）。

再版时，我们力所能及地对原版的错误做了修订，但限于能力，一定还有许多不当之处，敬请读者批评指正。

黄荣华

2017 年 3 月 13 日

图书在版编目（CIP）数据

仁者之言：《论语》选读 / 黄荣华主编. — 上海:上海教育出版社, 2017.6（2019.11重印）
ISBN 978-7-5444-7547-1

Ⅰ.①爱… Ⅱ.①黄… Ⅲ.①儒家②《论语》—青少年读物
Ⅳ.①B222.2-49

中国版本图书馆CIP数据核字(2017)第126786号

责任编辑 董艳霞
封面设计 陆 弦

仁者之言
——《论语》选读
黄荣华 主编

出版发行 上海教育出版社有限公司
官 网 www.seph.com.cn
地 址 上海市永福路123号
邮 编 200031
印 刷 合肥广源印务有限公司
开 本 680×1000 1/16 印张 14
版 次 2017年7月第1版
印 次 2019年11月第3次印刷
书 号 ISBN 978-7-5444-7547-1/G·6211
定 价 25.00 元

如发现质量问题，读者可向本社调换 电话：021-64377165